Robert A. Powell

»Das größte Geheimnis unseres Zeitalters«

Robert A. Powell

»Das größte Geheimnis unseres Zeitalters«

Gedanken zur Wiederkunft des Christus

Die Übersetzung aus dem Englischen und die Überarbeitung des Textes für die deutsche Ausgabe besorgten Heidi Langen und Wilhelm Maas.

ISBN 3-8251-7279-1

2. Auflage 2000
Erschienen im Selbstverlag des Verfassers
Auslieferung: Verlag Urachhaus, Stuttgart

Umschlagbild: »Himmelfahrt«, Ninetta Sombart
Druck: WB-Druck, Rieden

Inhalt

Dank

Mein herzlicher Dank gilt Charles Lawrie, dem Herausgeber der Zeitschriften »Shoreline« und »Clas News«. Er ermutigte mich, die Artikel zu schreiben, aus denen heraus dann dieses Buch entstanden ist, und gab die freundliche Erlaubnis, sie auch in Buchform zu veröffentlichen. Ebenso bin ich Frau Heidi Langen und Herrn Dr. Wilhelm Maas für die Übersetzungsarbeit sehr dankbar.

Mein Dank gilt auch allen anderen, die auf die eine oder andere Weise, oft auch durch Gespräche, dazu beigetragen haben, dass der Inhalt der folgenden Seiten entstehen konnte. Es ist überflüssig zu sagen, dass dieser Inhalt für den Autor mehr ist als »bloße Ideen«. Er stellt die Frucht umfassenden Forschens über das Mysterium der Wiederkunft dar und würde hier nicht veröffentlicht, wenn der Autor nicht von seiner Wahrheit überzeugt wäre. Allerdings enthebt das den Leser nicht der Verantwortung, das Folgende auf seine Objektivität hin zu prüfen. Diese verantwortliche Prüfung ist ein notwendiger Schritt bei der Aneignung des Inhaltes dieses Werkes.

Einführung

Die Veröffentlichung meines Buches »Das größte Geheimnis unseres Zeitalters« ist einerseits die Antwort auf die wiederholt an mich gestellte Frage, ob ich die Artikelserie über die Wiederkunft Christi, die ich für die Zeitschrift »Shoreline« (1988-1992) schrieb, nicht erneut veröffentlichen könnte, geht aber andererseits zugleich darüber hinaus. Die Kapitel II – V sind, abgesehen von kleinen Änderungen, identisch mit den vier Artikeln, die in »Shoreline« erschienen sind. Dann folgt das Kapitel »Der Gang durch die Trübsal und die Wiederkunft Christi«, das als Aufsatz in der Zeitschrift »Clas News« Nr. 1 (1993) veröffentlicht wurde. Das erste Kapitel, »Leben in apokalyptischer Zeit«, ist der Text eines Vortrags, den ich am 2. August 1996 in Boulder, Colorado, gehalten habe. Das Kapitel »Große Zeichen vom Himmel« enthält neuere Gedanken des Autors zur Wiederkunft, z. B. zu den »himmlischen Zeichen« in Gestalt der Erscheinungen der Kometen Hyakutake und Hale-Bopp in den Jahren 1996 und 1997. Dieses Buch »Das größte Geheimnis unseres Zeitalters« befasst sich mit dem bedeutsamsten Mysterium unserer Zeit: der Wiederkunft Christi. Es möchte ein Beitrag zur Orientierungshilfe angesichts dieses Ereignisses sein. Aufgrund der Tatsache, dass dieses Buch auf zunächst einzeln erschienenen Betrachtungen basiert, sind gewisse Wiederholungen und Rückgriffe auf bereits Erörtertes manchmal unvermeidlich.

Eine inspirierende Anregung zur Erforschung der kosmischen Geheimnisse der Wiederkunft Christi bekam ich durch Willi Sucher (1902-1985), der ein Pionier auf dem Gebiet der neuen Sternenweisheit (Astrosophie) war.[1] Durch ihn kam ich in Berührung mit dem kosmischen Christentum im Sinne einer geisteswissenschaftlichen Kosmologie, die im Dienst eines neuen, spirituell vertieften Verständnisses des Lebens Jesu Christi steht. Willi Sucher war natürlich nicht der erste Vertreter eines solchen kosmischen Christentums. Auch Hermann

Beckh, ein Priester der Christengemeinschaft, hat in seinen beiden 1928 und 1930 erschienenen Büchern über den kosmischen Rhythmus der Sternenschrift im Markus- und Johannes-Evangelium Wertvollstes geleistet.[2] Doch war Willi Sucher meines Wissens der erste Forscher, der Kosmologie zum Verständnis der Wiederkunft Christi herangezogen hat, und zwar in seinem Buch »Cosmic Christianity« von 1970[3]. Hier beschreibt er, wie sich der Ätherleib des Christus Jesus bis zum Jahr 984 in den Kosmos hinaus ausweitete, um sich dann allmählich wieder zur Erde hin zu verdichten, bis hin zum Jahr 1935, als sein Ätherleib der Erdenaura ganz nahe war und sich aus ihr heraus offenbaren bzw. in ihr geschaut werden konnte.[4]

Als ich Willi Sucher zum ersten Mal diese Gedanken vortragen hörte, haben sie mir die Tür geöffnet für ein Verständnis der Wiederkunft Christi und überhaupt des Neuen Zeitalters als des Zeitraumes dieser Wiederkunft. Ich kam allerdings zu dem Ergebnis, dass die kosmische Ausweitung von Christi Ätherleib bis zum Jahr 966 als der »kosmischen Mitternacht« dauerte und sich die »Wiederkehr« dieses Ätherleibes zur Erde im Jahr 1899, zum Beginn des Neuen Zeitalters, ereignete. Das bedeutet mit anderen Worten: Die Eingliederung von Christi Ätherleib in die Ätheraura der Erde begann 1899; und das ist überhaupt erst der Grund dafür, dass wir von einem Neuen Zeitalter (»New Age«) sprechen können.

Dieses Ergebnis, das zwar etwas in den Daten, nicht aber in der Grundidee von Suchers Forschung abweicht, resultierte aus der Entdeckung des 33 ⅓-Jahresrhythmus als des Rhythmus von Christi Ätherleib. Das habe ich ausführlich in meiner »Chronik des lebendigen Christus« dargelegt.[5] Der Zeitraum von Jesu Geburt am 6. Dezember 2 v. Chr. bis zu seiner Auferstehung am 5. April 33 n. Chr. beträgt genau 33 ⅓ Jahre. Dieser Rhythmus liegt, wie im Folgenden dargelegt werden wird, der Ausweitung von Christi Ätherleib in den Kosmos hinaus zugrunde.[6]

Schon in Teil III meiner »Chronik des lebendigen Christus« habe ich auf die Bedeutung dieses Rhythmus für das 20. Jahrhundert, das erste Jahrhundert von Christi Wirksamkeit in seinem Ätherleib, hingewiesen. Das vorliegende Buch kann als eine Erweiterung und zugleich als eine Vertiefung der »Chronik«, überhaupt als Beitrag zu einem kosmischen Christentum, vor allem im Hinblick auf das bevorstehende Christus-Ereignis im Ätherischen, verstanden werden, von dem Rudolf Steiner schon im Oktober 1911 gesprochen hat:

Woher kommt es denn überhaupt, dass vom zwanzigsten Jahrhundert ab der Christus Jesus immer mehr hereintreten wird in das gewöhnliche Bewusstsein der Menschen? Das hat folgenden Grund. Ebenso wie auf dem physischen Plan im Beginne unserer Zeitrechnung in Palästina ein Ereignis sich abgespielt hat, in welchem der Christus die wesentlichste Rolle spielte, ein Ereignis, das Bedeutung hat für die ganze Menschheit, so wird sich im Laufe des zwanzigsten Jahrhunderts, gegen das Ende des zwanzigsten Jahrhunderts zu, wiederum ein bedeutsames Ereignis abspielen; allerdings nicht in der physischen Welt, sondern in den höheren Welten, und zwar in derjenigen Welt, die wir zunächst als die Welt des Ätherischen bezeichnen. Und dieses Ereignis wird ebenso grundlegende Bedeutung für die Entwickelung der Menschheit haben, wie das Ereignis von Palästina im Beginne unserer Zeitrechnung. Gerade wie wir sagen müssen: für den Christus selber hatte das Ereignis von Golgatha die Bedeutung, dass eben mit diesem Ereignisse ein Gott gestorben ist, ein Gott den Tod überwunden hat – in welcher Weise das zu verstehen ist, darüber werden wir noch sprechen, das war vorher nicht geschehen, und nachher ist es eine vollzogene Tatsache –, so wird sich ein Ereignis abspielen von tiefgehender Bedeutung, das nur nicht auf dem physischen Plane sich vollzieht, sondern in der ätherischen Welt. Und dadurch, dass dieses Ereignis sich vollzieht, dass mit dem Christus selber sich ein Ereignis vollzieht, dadurch wird die Möglichkeit geschaffen, dass eben die Menschen den Christus sehen lernen, schauen werden.[7]

Im Folgenden wird näher beschrieben, dass und inwiefern das Jahr 1999, genauer gesagt: der Anfang des Monats September, der Zeitpunkt dieses von Rudolf Steiner angekündigten Christus-Ereignisses ist.

I
LEBEN IN APOKALYPTISCHEN ZEITEN

Stellen wir uns eine besonders schöne Blume vor: die tief in die Erde reichende Wurzel, den Stängel, die Blätter und die Blüte. Beziehen wir dann dieses Bild auf das Lebenswerk Rudolf Steiners, des Begründers der Anthroposophie. In der Zeit des ausgehenden 19. Jahrhunderts legte er durch seine philosophischen Werke und durch seine Goethe-Studien, vor allem über Goethes Weltanschauung, den Grund für sein späteres Werk. Das könnte man als die Wurzel bezeichnen. Dann hatte er ein außerordentliches Erlebnis: Er beschreibt in seiner Autobiographie, dass er kurz vor der Jahrhundertwende (höchstwahrscheinlich im Jahr 1899) eine Christus-Erfahrung hatte. Diese Erfahrung verwandelte ihn vom Philosophen, der mit Erkenntnistheorie befasst war, zum Geisteslehrer. Hier lag der Beginn der Anthroposophie. Wir können uns dies als den Durchbruch der Blume durch den Erdboden vorstellen.

Dies bedeutete den Anfang seiner außergewöhnlichen Lehrtätigkeit, in deren Verlauf er etwa 6000 Vorträge hielt. Es finden sich unendlich viele Weisheitsperlen verstreut durch diese Vorträge, ohne dass Rudolf Steiner sich wiederholt: Er brachte immer neue Erkenntnisse, ständig entfaltete er Offenbarungen göttlicher Weisheit.

Wir können auch das Wachsen der Blume Anthroposophie beobachten. Diese Aktivität begann dann, Früchte zu tragen. Wir könnten uns die 1907 beginnenden künstlerischen Aktivitäten und die von 1917 an sich entwickelnden praktischen Tätigkeiten als die sich entfaltenden Blätter vorstellen. Die Blume nahm mehr und mehr konkrete Gestalt an. Gegen Ende des Jahres 1923 fand die »Weihnachtstagung« statt, die spirituelle Gründung der Anthroposophischen Gesellschaft. Mit diesem Ereignis öffnete sich die Blüte Anthroposophie; alles hatte auf dieses Ereignis hingeführt. Wie kann man das verstehen?

Rudolf Steiner kündigte bei verschiedenen Gelegenheiten an, dass die ganze Anthroposophie eine Vorbereitung sei für die Wiederkunft

Christi. Er beschrieb sie als das Kommen Christi im Ätherischen, in der Welt der Lebenskräfte. Die Natur, die mit Ätherkräften durchsetzt ist, ist besonders davon berührt. So führt die ganze Anthroposophie auf dieses Ereignis der Wiederkunft Christi im Ätherischen hin. Aber wer ist Christus?

Christus ist göttliche Liebe. Alles, was Rudolf Steiner als Anthroposophie brachte – Anthropo-Sophia – bereitete dieses Ereignis des Durchbruchs der göttlichen Liebe vor, das in der Weihnachtstagung dadurch geschah, dass der Grundstein, der Stein der Liebe, in die Herzen derer gelegt wurde, die sich mit der Anthroposophie verbinden. Das Wort »*Anthropo-Sophia*« bedeutet Weisheit, Weisheit vom Menschen (anthropos). »Sophia« ist das griechische Wort für Weisheit, die Weisheit der Sophia, der Braut oder Schwester oder Gefährtin des Christus. Sophia ist das Wesen, auf das in der »Offenbarung des Johannes« als die Braut des Lammes hingewiesen wird. Sie begleitet Christus. Es gibt ein intimes Weben zwischen Sophia, der göttlichen Weisheit, und Christus, der göttlichen Liebe. Und wie Sergej Prokofieff in seinem Buch über die Himmlische Sophia gezeigt hat, ist Anthroposophie ein Abkömmling der göttlichen Sophia. Wir finden Aspekte der göttlichen Sophia in allen großen Religionen und spirituellen Traditionen. Wo wahre Weisheit lebt, finden wir Aspekte der göttlichen Sophia.

Mit Christi Erscheinen auf der Erde vor 2000 Jahren finden wir in der Christenheit den Anfang der göttlichen Liebe. Damals bereitete Johannes der Täufer den Weg für Christus und verkündete ihn als das Lamm Gottes. Eine ähnliche Vorbereitung für die Wiederkunft Christi sehen wir im 20. Jahrhundert im Wirken der göttlichen Sophia durch Rudolf Steiner, der die Anthropo-Sophia brachte, um diese Wiederkunft Christi vorzubereiten. Die Braut bereitet den Weg für das Kommen des Lammes (Christus). Wir haben ein unvollständiges Bild der Anthroposophie, wenn wir nicht auch die andere Hälfte sehen von dem, was Anthropo-Sophia wirklich ist. Die andere Hälfte ist der ätherische Christus.

Dieser Stein der Liebe ist eingeschlossen in die Worte der Grundstein-Meditation. Durch diese Meditation können wir in eine Beziehung zum Wesen Anthroposophia treten. Rudolf Steiner sprach davon, dass er die Worte der Grundstein-Meditation vom Logos (Christus) selbst hörte. Wenn wir die Worte dieser Meditation hören, so hören wir dreimal die Anrede »Menschenseele«: »Menschenseele! Du lebest in den Gliedern...«, »Menschenseele, du lebest in dem Herzens-Lungen-Schlage«, »Menschenseele! Du lebest im ruhenden Haupte«. Hier spricht der ätherische Christus die menschliche Seele in unserem Willen, in unserem Fühlen und in unserem Denken an.

Dies bezieht sich auf den Inhalt der ersten drei Teile der Grundstein-Meditation. Der vierte Teil ist eine von Rudolf Steiner formulierte Antwort an den Logos, den ätherischen Christus, der zu der menschlichen Seele spricht. Dieser vierte Teil ist eine Meditation, die gleichzeitig ein Gebet ist, das vom Menschen als Antwort auf die Worte des ätherischen Christus an die Seele aufsteigt. Mit der Grundsteinlegung bei der Weihnachtstagung beginnen wir etwas von der Größe der Anthroposophie zu verstehen. Wir können anfänglich sehen, dass diese Blume wirklich nur *eine* Seite des Wesens Anthroposophia ist. Die andere Seite ist die geistige Sonne, der Christus, der diese Blume bescheint, erleuchtet und befruchtet.

Wenn wir Anthroposophie und ihre Aufgaben am Ende des 20. Jahrhunderts verstehen wollen, müssen wir damit beginnen, das Wirken des Christus in seiner Wiederkunft im Ätherischen zu verstehen. Wie es in der Apokalypse des Johannes heißt, ist dies sein Kommen in den Wolken, wobei die Wolken eine geeignete äußere Darstellung für den Bereich des Lebens, für das Ätherische, sind. Denn die Wolken bringen Regen und damit Leben zur Erde.

An diesem Punkt müssen wir in die Geheimnisse der Zeit, die Entfaltung der Zeit, eintreten. In meinem Buch »Chronik des lebendigen Christus« habe ich die über zehnjährige Forschung über das Leben des Christus und die Rhythmen des Lebens Christi zusammengefasst. Zum Verständnis der Wiederkunft Christi im Ätherischen ist der wichtigste Rhythmus der 33⅓-Jahresrhythmus. Dies ist die Zeitdauer von der Geburt Jesu bis zum Mysterium von Golgatha. Alle Ereignisse im Leben des Christus, seine Biographie, wurden während dieses Zeitraums in seinen Ätherleib eingeschrieben. Was geschah nun beim Tod und bei der Auferstehung Christi?

Beim Tod eines jeden Menschen trennen sich der Ätherleib und die höheren Glieder vom physischen Leib. In diesem Augenblick bewohnt der Mensch den Ätherleib und sieht den Inhalt des Ätherleibes, der die ganze Biographie enthält, all die Bilder, die in den Ätherleib eingeprägt sind. In dem Augenblick, in dem wir uns von unserem physischen Leib trennen, nehmen wir unsere gesamte Biographie wahr wie ein großes Panorama. Allmählich beginnen dann diese Bilder unseres Lebens dahinzuschwinden, wenn nämlich der Ätherleib sich wieder in den ätherischen Kosmos hinein auflöst.

Bei Christus wurde der Ätherleib vollkommen verwandelt und geistdurchdrungen. Er löste sich nach seinem Tod nicht im Kosmos auf, sondern blieb unversehrt, als ein Zeitorganismus, ein Zeitleib, der diesen 33⅓-Jahresrhythmus in sich birgt. Der Ätherleib Christi hat ständig weitergewirkt durch den Lauf der Geschichte seit diesem Zeitmoment im Jahre 33 n. Chr. Wie z. B. der Planet Jupiter einen 12-Jahresrhythmus hat, der Saturn einen 29½-Jahres-Rhythmus, die Sonne einen einjährigen Rhythmus, so haben wir hier, beim 33⅓-Jahresrhythmus, etwas den Planetenrhythmen Verwandtes. Allerdings handelt es sich hier ja nicht um einen äußeren Planeten. Es ist ein *Zeit*rhythmus, der Teil des Christus-Wesens ist und seit dem Jahr 33 wirkt. Wir können diesen Rhythmus durch die Geschichte hindurch verfolgen. Um allerdings zu einem Verständnis dieses Rhythmus zu kommen, müssen wir verstehen, was nach der Auferstehung Jesu Christi stattfand.

Stellen wir uns den Garten des Heiligen Grabes an jenem Ostersonntagmorgen vor. Maria Magdalena kam zu dem Garten und war erstaunt, den Stein zur Seite gerollt zu finden. Das Grab war leer. Sie lief umher und sah jemanden, von dem sie dachte, er sei der Gärtner. Als sie zu ihm sprach und er antwortete, wurde ihr klar: Das ist der Herr. Sie ging hin, um ihn zu berühren, und er sagte: »Rühr mich nicht an; denn ich bin noch nicht aufgefahren zu meinem Vater. Gehe aber hin zu meinen Brüdern und sage ihnen: Ich fahre auf zu meinem Vater«.[8] Damit kündigte der Christus Jesus seinen baldigen Aufstieg zum Reich des Vaters an, den Aufstieg, der vierzig Tage später mit der Himmelfahrt begann. Während dieser vierzig Tage erschien der Christus Jesus immer und immer wieder dem Kreis der Jünger. Einige dieser Erscheinungen sind in den Evangelien beschrieben, z. B. die Erscheinung am folgenden Abend bei den zehn Aposteln ohne Thomas, seine Erscheinung vor den zwei Jüngern – Kleophas hieß einer von ihnen – auf dem Weg nach Emmaus und seine Erscheinung vor den elf Jüngern mit Thomas, als dieser aufgefordert wurde, Christi Wunden zu berühren. Christus konnte sich zeigen und wieder verschwinden. Er konnte durch verschlossene Türen treten und den Raum wieder verlassen. Er konnte sogar zusammen mit den Aposteln essen. Er aß Fisch mit ihnen am Nord-Ost-Ufer des Sees Genezareth, wie es im letzten Kapitel des Johannesevangeliums beschrieben ist.

Dann kam der Himmelfahrtstag, als er den Jüngern zusammen mit Maria erschien. Er ging ihnen voran auf den Ölberg und wurde immer strahlender. Gegen Mittag erreichte er den Gipfel des Ölbergs und wurde so strahlend, dass er heller als die Mittagssonne war und über ihm ein Regenbogen erschien. Er wandte sich um, segnete die ganze Welt und dann verschwand er als strahlendes Licht in einer Lichtwolke, aus der eine Art Trompetenklang erscholl. Zwei Engel erschienen aus dem Licht heraus und sprachen zu den Jüngern: »Ihr Männer von Galiläa, was steht ihr da und seht zum Himmel? Dieser Jesus, der von euch weg in den Himmel aufgenommen wurde, wird so wiederkommen, wie ihr ihn habt auffahren sehen.« Damit verkündeten die Engel seine Wiederkunft, das Ereignis seines Wiedererscheinens. Die Kenntnis des 33⅓-Jahres-Rhythmus befähigt uns, den Zeitpunkt dieses Wiedererscheinens genau herauszufinden.

Christus begann im Jahre 33 seinen Aufstieg zum Reich des Vaters (siehe Abbildung). Damit ist ein Aufstieg durch die Planetensphären gemeint, der derselbe ist, den die Seele nachtodlich durch die Mondensphäre vollzieht, durch das Reich der Engel, dann durch die Merkursphäre, das Reich der Erzengel, und so fort durch alle Stufen der neun geistigen Hierarchien, wobei etwa einhundert Jahre in jeder Hierarchie verbracht werden (dreimal 33⅓ Jahre). Die erste Periode lag zwischen dem Jahr 33 und 133, während der der Aufstieg durch die Mondensphäre, das Reich der Engel, stattfand. Zwischen 133 und 233 durchschritt er das Reich der Erzengel, die Merkursphäre. Nach weiteren hundert Jahren (233-333) in der Venussphäre, dem Reich der Zeitgeister, trat er im Jahr 333 in die Sonnensphäre ein. Indem wir auf diese Daten im Zusammenhang mit dem Aufstieg Christi durch die Planetensphären blicken, ist es möglich, entsprechende Ereignisse auf der Erde unten zu finden. Wir wollen ein Beispiel betrachten, das einen Bezug zu diesem letzten Datum hat.

Um 333 war die Zeit, als das Christentum im römischen Reich nicht mehr verfolgt wurde. Kaiser Konstantin der Große erlaubte dem Christentum aufzublühen. Er berief das erste Ökumenische Konzil der

Das Reich des Vaters

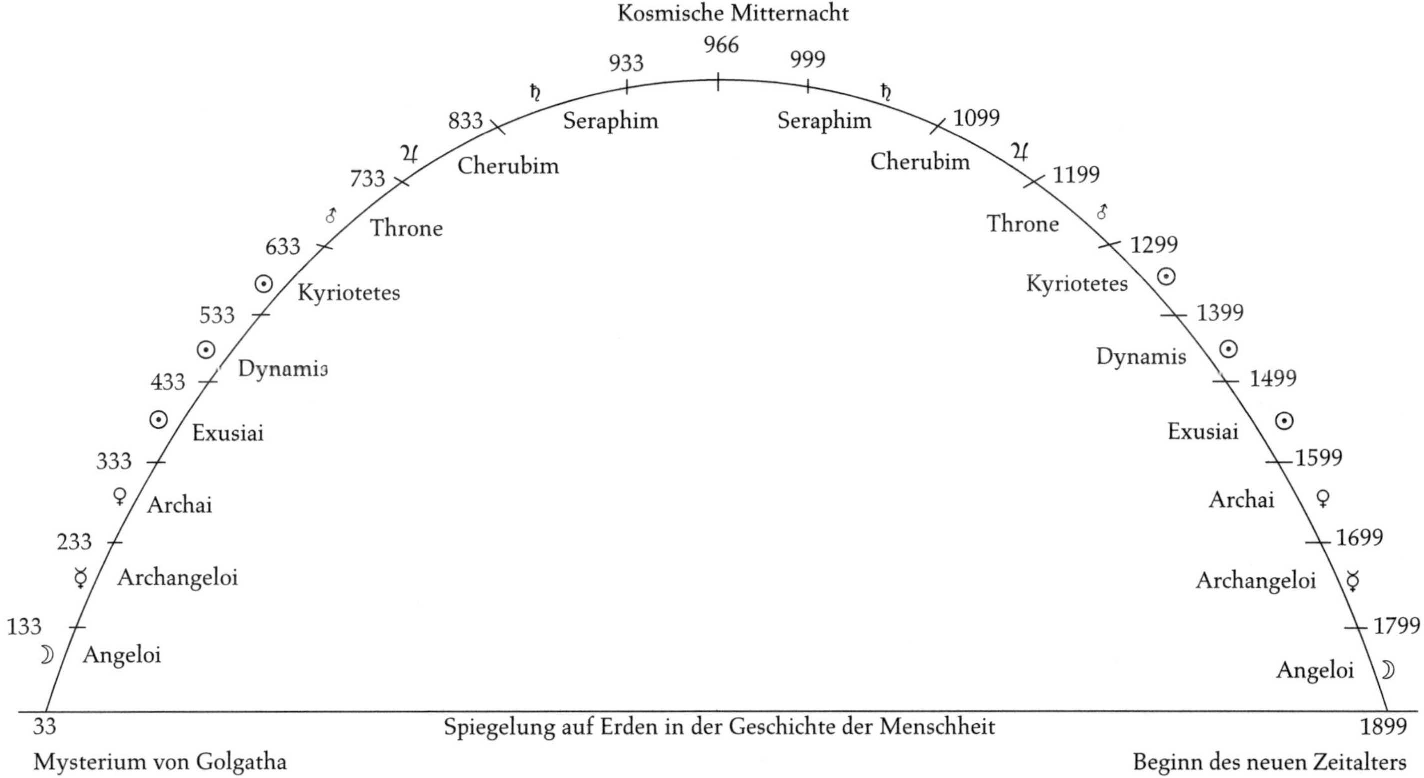

Der Aufstieg Christi durch die Hierarchien und sein Abstieg bei der Wiederkunft. Zwischen 933 und 966 wurde Christi Leben als Urbild in die Fixsternwelt eingeschrieben. Der Abstieg nach der »kosmischen Mitternacht« ist eine genaue Spiegelung des Aufstiegs.[8a]

Christenheit im Jahre 325 ein. Dieses Ereignis auf der Erde entspricht mehr oder weniger dem Eintritt Christi in die Sonnensphäre.

Rudolf Steiner hat im Übrigen immer wieder auf die Bedeutung gerade dieses Jahres 333 hingewiesen. Hier sei nur ein Gedanke erwähnt, den er ausspricht in Bezug auf die Zeit von 333-433, also in Bezug auf den Durchgang des Christus durch den Bereich der Exusiai. Er weist darauf hin, dass in dieser Zeit im Bereich des Übersinnlichen ein Ereignis von allergrößter Bedeutung sich vollzog: die Exusiai übertrugen ihre Denkkräfte auf die Archai.[9]

Der Weg Christi durch die drei hierarchischen Stufen der Sonnensphäre, der Exusiai, Dynameis und Kyriotetes, dauerte bis zum Jahr 633, als Christus in die Marssphäre eintrat. Das Jahr 632 war das Todesjahr Mohammeds. Danach begann die gewaltige Ausbreitung des Islam, die eine Zeit des Krieges für die Christenheit bedeutete. Das spiegelte sich auf der Erde unten, entsprechend dem Durchgang Christi durch die Marssphäre. Dann folgte sein Durchgang durch die Jupitersphäre. Das Jahr 732, das mehr oder weniger mit Christi Eintritt in die Jupitersphäre zusammenfällt, war das Jahr, in dem Karl Martell die Schlacht bei Poitiers gewann und die Araber aus Frankreich vertrieb. Dies führte zur Gründung der Karolinger-Dynastie und dem folgenden Aufblühen der karolingischen Renaissance, die den Beginn einer neuen Ära für das Christentum bedeutete. In dieser Zeit wurde, im Jahr 800, Karl der Große zum Kaiser gekrönt. Das Ende dieser Jupiterperiode, das Jahr 833, war die Zeit, als das Karolingische Reich unter die vier Söhne Ludwigs des Frommen, des Sohns Karls des Großen, aufgeteilt wurde.

Dann folgte der Weg Christi durch die Saturnsphäre, die bis zum Jahr 933 dauerte, was gleichzeitig den Eintritt Christi in den Bereich des Tierkreises bedeutete, in den Bereich der Fixsterne, die äußere Offenbarung des Reiches des Vaters, jenseits der neun Hierarchien. Mit anderen Worten: Nach dem Durchgang durch die Saturnsphäre, die Sphäre der Seraphim, der höchsten Hierarchie, stieg das Christus-Wesen auf in das Reich des Vaters, das äußerlich im Reich der Fixsterne zur Erscheinung kommt. Hier entfaltete sich der Rhythmus in einer weiteren Periode von 33⅓ Jahren (933-966), und in dieser Zeit wurde das Leben des Christus als Urbild in die Fixsterne eingeschrieben. Das Jahr 966 war die »Mitternachtsstunde« im Reich des Vaters nach dem Durchgang

Christi durch die Stufen der Hierarchien. Es war der Wendepunkt. Danach begann der Abstieg Christi als genaue Spiegelung seines Aufstiegs. Das bedeutete zunächst eine Spiegelung der Periode (933-966) des Urbilds von Christi Leben in der Fixsternsphäre, die bis zum Jahr 999 dauerte. Das Jahr 999 markiert den Beginn des Abstiegs Christi durch die Saturnsphäre. Im Verlauf dieses Abstiegs finden wir wieder Marksteine in der Entfaltung der Geschichte der Christenheit.

Zum Beispiel eroberte im Jahr 1099 der Anführer des ersten Kreuzzugs, Gottfried von Bouillon, Jerusalem von den Arabern zurück und wurde in dem Jahr, das mit dem Abstieg Christi von der Saturnsphäre in die Jupitersphäre zusammenfällt, nämlich 1099, zum König von Jerusalem gekrönt. Wir können dem weiteren Weg Christi abwärts durch die Stufen der Hierarchien in den Planetensphären folgen. Auf diesem Hintergrund erhält jedes Jahrhundert durch den Abstieg Christi in Richtung Erde eine besondere Färbung, wobei er 1899 wieder die Erdenaura betritt.

Der Abstieg Christi durch die Mondensphäre fand zwischen 1799 und 1899 statt. Das Jahr 1799 sah den Beginn der Romantik durch Novalis, den Pionier der deutschen Romantik (Novalis starb 1801); dieses Jahrhundert wird darum auch das romantische Jahrhundert genannt. Vielleicht war das grundlegende Sehnen und Streben der Romantiker das Streben nach Christus, der noch nicht da war, oder war es Sophia, die Christus begleitet, nach der sie eigentlich suchten? Denn, wie Owen Barfield so klar in seinem Buch »Romanticism Comes of Age« beschreibt, glaubt er, dass das, was die Romantiker wirklich suchten, Anthroposophie war.

Im Jahr 1899 hatte Rudolf Steiner seine Christus-Erfahrung. Er wurde vom Philosophen, der sich mit Erkenntnistheorie befasste, zum Apostel des ätherischen Christus. Rudolf Steiner beschreibt auch, dass mit dem Jahr 1899 das Neue Zeitalter begann. Soweit ich weiß, war er der Erste, der den Ausdruck »Neues Zeitalter« prägte, der nun überall benutzt wird.

Er datiert den Beginn des Neuen Zeitalters auf 1899 und bringt dieses Neue Zeitalter mit der Wiederkunft Christi im Ätherischen in Verbindung. Er beschreibt das Wesen dieses Erscheinens so, dass der ätherische Christus uns nach »Schamballa« führt, zu einer neuen Erfahrung des verlorenen Paradieses, des goldenen Reiches des Paradieses, das in den Mittelpunkt der Erde versunken ist, in das Herz der Erde. Diese goldene Kugel inmitten der Erde wird im Orient Schamballa genannt. In der christlichen Esoterik heißt sie »das Reich der göttlichen Mutter«, das Herz der Mutter Erde. So hat jetzt der Abstieg Christi und sein Wirken im Ätherischen mit der Wiedererweckung der Mysterien der göttlichen Mutter zu tun, die mit dem Aufkommen des Christentums vor 2000 Jahren unterdrückt wurden. Die Mysterientempel der Demeter, der Erdenmutter, in Eleusis bei Athen und die anderen großen Mysterienzentren, die der göttlichen Mutter geweiht waren, wie z. B. das Mysterienzentrum in Ephesus, das der Artemis geweiht war, wurden alle geschlossen. Die Mysterien der Mutter wurden vergessen und unterdrückt. Aber durch das Erscheinen des ätherischen Christus sind die Mysterien der göttlichen Mutter wieder zugänglich geworden.

Dies zeigt uns etwas von dem Hintergrund des neuen, weit verbreiteten Interesses an dem Wesen von Mutter Erde, das mit dem Beginn des Neuen Zeitalters 1899 einsetzte. Das Neue Zeitalter, das Zeitalter des Lichtes, könnte auch das Zeitalter des ätherischen Christus genannt werden. Als das vorangehende Zeitalter, in der Hindu-Zeitrechnung das »Kali Yuga«, das Finstere Zeitalter genannt, zu Ende ging, begann ein neues Zeitalter des Lichtes. Das Finstere Zeitalter erstreckte sich über 5000 Jahre, von 3102 v. Chr. bis 1899 n. Chr. (–3101 + 1899 = 5000).[9a] Jetzt leben wir im Zeitalter des Lichtes, das sich über einen Zeitraum von 2500 Jahren erstreckt, von 1899 bis 4399, wenn wieder ein neuer Impuls kommen wird, nämlich der Impuls des astralen Christus (Christus im Astralleib).

Wenn wir 2000 Jahre zurückblicken, sehen wir, dass Christus in einem physischen Leib kam und den Weg bereitete für das kommende Fische-Zeitalter. Christus kam gegen Ende des Widder-Zeitalters. Er wurde von Johannes dem Täufer als das »Lamm Gottes« verkündet, als das Lamm oder als der Widder. Doch seine Jünger waren Fischer. Er bereitete den Weg für das Fische-Zeitalter, das im Jahr 215 n. Chr. begann, wie ich in meinem Buch »Zu einer neuen Sternenweisheit«[46] erläutert habe. Seit dieser Zeit benutzten die frühen Christen das Symbol des Fisches für Jesus.

Mit dem Fische-Zeitalter betrat die Menschheit einen Weg, der zum Materialismus führte. Das hängt damit zusammen, dass das Sternzeichen der Fische mit den Füßen in Verbindung gebracht wird. Die Füße sind mit der Erde verbunden, und so sind wir durch die »Fische« am meisten mit der Erde verbunden. Christus brachte die *spirituelle* Seite des Zeichens der Fische: den Impuls der Liebe. Die Tugend des Sternzeichens der Fische ist: »Großmut, die zur Liebe wird«. Doch ohne Christus ist die Menschheit in den Materialismus hineingekommen. Die Menschen sind jetzt im physischen Leib verankert. Es war für die Menschheit notwendig, durch eine Zeit zu gehen, in der sie wirklich im physischen Leib verankert wurde. Das musste um der Freiheit willen sein: abgeschnitten von den geistigen, übersinnlichen und ätherischen Welten. Jetzt, mit der Wiederkunft des ätherischen Christus, in dieser Zeit am Ende des Fische-Zeitalters, bereitet dieser das Wassermann-Zeitalter vor.

Jedes Zeitalter dauert 2160 Jahre, also die Zeit, die der Frühlingspunkt braucht, ein Tierkreiszeichen zu durchwandern. So erstreckt sich das Fische-Zeitalter bis zum Jahr 2375. Dann wird das Wassermann-Zeitalter beginnen. Es wird 2160 Jahre dauern, bis zum Jahr 4535. Wenn wir das Lichte Zeitalter betrachten, das Zeitalter des ätherischen Christus, so ist deutlich, dass der erste Teil des Lichten Zeitalters mit dem letzten Teil des Fische-Zeitalters zusammenfällt. Dann, vom Jahr 2375 an, fällt das Lichte Zeitalter mehr oder weniger mit dem Wassermann-Zeitalter zusammen.

Dies alles wurde von Jesus Christus selbst vor 2000 Jahren im Matthäusevangelium, Kapitel 24, prophezeit, als die Jünger Jesus fragten: »Was wird das Zeichen deiner Wiederkunft sein?« Er antwortete: »Es werden Kriege sein, Hungersnot, Erdbeben, und das wird nur der Anfang der Trübsal sein. Es werden Zeiten großer Trübsal kommen. Und dann wird das Zeichen des Menschensohnes am Himmel erscheinen.« Dies ist ein Hinweis auf den Eintritt des Frühlingspunktes in das Tierkreiszeichen Wassermann. Wie kann man das verstehen?

Das Zeichen des Wassermanns ist das Zeichen des Wasserträgers, so wie er am Himmel gezeichnet ist: Wasser aus einem Gefäß gießend, Ströme lebendigen Wassers.

Was bedeutet der Wasserträger in Bezug auf den Menschen? Tatsächlich bestehen mindestens zwei Drittel des Menschen aus Wasser. Ähnlich besteht Mutter Erde aus zwei Dritteln Wasser und einem Drittel festem Boden. In diesen zwei Dritteln liegen die strömenden Kräfte des Ätherischen. Der Wasserträger in uns trägt unsere Lebenskräfte. In diesem Sinne ist der Wasserträger der Ätherleib. So wie das Fische-Zeitalter eine Zeit ist, in der der Mensch im physischen Leib verankert ist und das entsprechende Bewusstsein sich nur bis zur physischen Ebene erstreckt, so wird das Wassermann-Zeitalter eine Zeit des Erwachens für den Ätherleib und für die ätherische Ebene sein.

Das Wirken des ätherischen Christus in diesem letzten Teil des Fische-Zeitalters bereitet den Weg für und führt uns in das Wassermann-Zeitalter. Durch ihn ist es möglich, sich des Ätherbereichs und des eigenen Ätherleibs hellsichtig bewusst zu werden.

Wenn wir diese Zusammenhänge betrachten, so ist ein ungeheurer Kampf im Gange. Es sind Kräfte am Werk, die unser Bewusstsein an den physischen Leib und an die physische Ebene des Seins ketten möchten, Kräfte, die dem ätherischen Christus entgegenwirken, wenn dieser uns zur ätherischen Ebene aufwecken möchte. Die äußeren Zeichen dieses gewaltigen Kampfes sind Kriege, Erdbeben und Hungersnöte. Es ist die Zeit der »Trübsal« (griechisch »thlipsis«), auf die Christus im Matthäus-Evangelium hinweist, die der Erscheinung des Zeichens des Menschensohnes am Himmel vorangeht, das den Eintritt des Frühlingspunktes in den Wassermann, den Wasserträger bezeichnet, das makrokosmische Zeichen des ätherischen Christus. Diese Trübsal ist ein Ausdruck des jetzt stattfindenden Kampfes zwischen den Kräften der Finsternis, die uns an die physische Ebene des Bewusstseins und den physischen Leib ketten wollen, und dem ätherischen Christus, der uns zu einem Bewusstsein der ätherischen Seinsebene führt. Ob wir das Wort »Trübsal« benutzen oder die Formulierung »Leben in apokalyptischer Zeit«: Es sind jedenfalls Zeiten eines titanischen Konfliktes.

Dies bietet einen guten Hintergrund für die Betrachtung der verschiedenen Zeitalter. Das Wirken des ätherischen Christus leitet uns jetzt, während des letzten Teils des Fische-Zeitalters, in das Wassermann-Zeitalter, so wie er vor zweitausend Jahren am Ende des Widder-Zeitalters den Weg bereitete für das Fische-Zeitalter.

An dieser Stelle möchte ich das 20. Jahrhundert noch genauer in den Blick nehmen. Wenn wir auf den 33⅓-Jahresrhythmus von Christi Ätherleib schauen, so sind die letzten 3½ Jahre, die Jahre zwischen der Taufe im Jordan und dem Mysterium von Golgatha, die wichtigsten. Bei der Taufe stieg Christus herab und vereinigte sich mit dem physischen Gefäß des Jesus. Während dieses 3½-jährigen Zeitraums, der der Taufe folgte, vollzog sich eine Einstrahlung, ein Einwirken des Christus in seiner ganzen Kraft und Größe. Er offenbarte sich selbst durch die Zeichen und die Wunder, die bis zum größten Zeichen führten, zum Mysterium von Golgatha, zu seinem Tod, seinem Opfer, seinem Abstieg in die Unterwelt, in das Reich der Mutter, und seiner Auferstehung und seiner Himmelfahrt, dem Aufstieg zum Reich des Vaters.

Seit dem Beginn des Lichten Zeitalters 1899 finden wir im 20. Jahrhundert, wenn wir dem 33⅓-Jahresrhythmus des ätherischen Christus folgen, drei Zeiträume dieses Jahresrhythmus. Die erste Periode, die 1899 begann, erstreckte sich bis 1933. Die besonders bedeutsame Periode innerhalb dieses Zeitraums waren die letzten 3½ Jahre, von 1929 bis 1933. Auf diese Zeit und das Hereinstrahlen des Christus in diese Zeit hinein war Rudolf Steiners ganzes Lebenswerk orientiert. Er starb aber vor dieser Zeit, im Jahr 1925, also kurz vor dem Beginn der ersten Periode der Einstrahlung des Christus im Rahmen der ersten 33⅓-Jahresperiode des Lichten Zeitalters. Wie eine Offenbarung des Gegenimpulses gegen das Kommen des ätherischen Christus konzentrierten sich während dieser Zeit die Mächte der Finsternis auf einen Menschen, der, wie Rudolf Steiner, aus Österreich kam und, wie Rudolf Steiner, vor allem in Deutschland bzw. im deutschsprachigen Raum tätig war. Während Rudolf Steiner ein »Apostel« des ätherischen Christus war, war dieser Mensch ein Vorläufer des Antichristen. Durch ihn wurde eine Manifestation des Willens des Antichristen offenbar. Er kam 1933 an die Macht, genau zum Zeitpunkt des ersten Höhepunktes im Wirken des ätherischen Christus.

Was brachte der ätherische Christus in diesem Zeitraum? Er brachte einen Impuls zur Erweckung des göttlichen ICH BIN im Innern des Menschen. Paulus bringt Wesentliches davon in den Worten zum Ausdruck: »Nicht ich, sondern Christus in mir.« Das göttliche ICH BIN ist der wahre Name des Christus. Wenn Christus in uns wohnt, können wir wirklich sagen: ICH BIN. Dann sind wir wahrhaft Menschen.

Die erste Phase des Wirkens des ätherischen Christus im Lichten Zeitalter bestand darin, das göttliche ICH BIN im Inneren des Menschen zur Geburt zu bringen. Alles in der Anthroposophie führt darauf hin. Und da das Wesen der Anthroposophie in der Grundstein-Meditation zum Ausdruck kommt, ist es nicht überraschend, im Grundsteinspruch, im vierten Teil, zu entdecken, dass das verborgene Mantram das

ICH BIN ist. Durch den letzten Teil der Grundstein-Meditation tönen die Worte ICH BIN, die das göttliche ICH BIN zum Ausdruck bringen.

Blicken wir nun auf die zweite 33⅓-Jahrperiode im 20. Jahrhundert. In jeder Periode erscheint in der Entfaltung des Wirkens des ätherischen Christus ein neuer Aspekt seines Wirkens. Die zweite Periode kulminierte 1966. Die bedeutsamste Zeit zwischen 1933 und 1966 waren wiederum die letzten 3½ Jahre: von 1962 bis 1966. Was strahlte da als besonderer Impuls des ätherischen Christus herein? Es war der Impuls der *Gemeinschaft*, Gemeinschaft in Christus, deren Wesen in den Worten zum Ausdruck kommt: »Wo zwei oder drei in meinem Namen versammelt sind, da bin ich mitten unter ihnen.« Gemeinschaft in Christus wird gebildet aufgrund des göttlichen ICH BIN in einzelnen Menschen, die in seinem Namen zusammenkommen. Das Wirken des ätherischen Christus in diesem Zeitraum war der Versuch, einen Impuls auf Gemeinschaft hin zu stiften.

Auch hier tauchten wieder Gegenkräfte auf, um dieses Werk der Gemeinschaftsbildung zu zerstören. Ein Beispiel ist die Drogenepidemie. Es war die Zeit, da die Drogenpropheten auftraten. Sie predigten den Drogengebrauch, durch den ein Impuls gegeben wurde, den Menschen hinabzuziehen, ihn gefangen zu nehmen in seinem eigenen inneren Organismus. Das ist die Wirkung einer Droge wie LSD. Genau zu dieser Zeit, als der Impuls der Liebe und Brüderlichkeit einstrahlte, kamen diese Gegenkräfte auf. Die Drogenepidemie war nur *ein* Zeichen dieser Gegenkraft. Es gibt auch noch andere Aspekte. – So wurde dem Wirken des ätherischen Christus in diesem speziellen Zeitraum der 1960er-Jahre entgegengearbeitet. Und seitdem haben die Gegenkräfte ihr Wirken fortgesetzt.

Gegenwärtig befinden wir uns in der dritten 33⅓-Jahresperiode, die 1999 endet. Der wiederum besonders wichtige Zeitabschnitt innerhalb dieser Periode, ihr Höhepunkt, begann im Februar 1996. Hier kommt eine neue Stufe des Wirkens des ätherischen Christus zum Ausdruck. Ganz deutlich ist der Prozess einer schrittweisen »Inkarnation« des ätherischen Christus erkennbar: erst in dem einzelnen Menschen als das göttliche ICH BIN, dann in der Gemeinschaft als die Kraft der gemeinschaftsbildenden Liebe, und jetzt beginnt das Wirken des ätherischen Christus sich auf einer tieferen Ebene zu zeigen: Es ist das Wirken zur Erlösung der göttlichen Mutter Erde.

Das Wirken des ätherischen Christus in unserer Zeit hat mit dem Hereinströmen göttlicher Liebe in das Reich der Natur zu tun. Auch hier ist wieder eine Gegenkraft am Werk, in Gestalt eines Impulses, der uns von der Erfahrung der Natur abschneiden und die künstliche Welt einer Gegennatur schaffen will. Ob wir es Cyberspace, Internet oder Virtual Reality nennen: Es geht um etwas, das uns von unserem göttlichen, geistigen Ursprung abschneidet. Gerade in dieser Zeit, in der der ätherische Christus daran arbeitet, eine neue Beziehung der Menschheit zur ganzen Erde als einem göttlichen Wesen zu stiften, ein Gefühl für Mutter Natur als einem lebendigen, geistigen Wesen, mit dem wir tief verbunden sind, genau in dieser Zeit jagt ein überaus mächtiger Impuls über unseren Planeten, der Millionen von Menschen in eine Welt hineinzieht, die total von der Natur abgetrennt ist.

Ein Aspekt des Mysteriums der Wiederkunft des Christus im Ätherischen im Lichten Zeitalter ist der, dass, so wie 2000 Jahre vorher der Christus Jesus drei Versuchungen in der Wüste um der ganzen Menschheit willen durchlebte, jetzt die gesamte Menschheit durch diese drei Versuchungen geht, als Vorbereitung für die Entfaltung der wahren Mission der Menschheit im nächsten Jahrtausend. Die tiefere Wirklichkeit der Begegnung mit dem ätherischen Christus wird dann stattfinden, wenn wir durch diese drei Versuchungen gegangen sind. Worin bestehen nun diese Versuchungen?

Die erste Versuchung ist der Wille zur Macht, der Gegenpart zur Geburt des göttlichen ICH BIN im Innern. Ein schlagendes Beispiel dafür war die Machtergreifung des »Führers« im Jahr 1933. Hier war es eine einzelne Persönlichkeit, die diesen Willen zur Macht in einer außergewöhnlichen Weise zeigte. Er brachte sich selbst als eine äußere Autorität ins Spiel anstelle der wahren Autorität des göttlichen ICH BIN im Innern.

Die zweite Periode war die Zeit, als die zweite Versuchung begann, sich in der Menschheit wirklich durchzusetzen. Es ist die Versuchung, sich von der Zinne des Tempels zu stürzen. Das bedeutet: vom göttlichen ICH BIN-Bewusstsein weg in das Reich der unterbewussten Kräfte unterzutauchen, durch Alkohol und Drogen oder dadurch, dass das Instinktleben in einer ungezügelten Weise ausgelebt wird. Mit dieser Versuchung wurde die Menschheit auf breiter Front während der 1960er-Jahre konfrontiert.

Jetzt, am Ende der 1990er-Jahre, ist die dritte Versuchung wirksam: Steine in Brot zu verwandeln. Dies ist die Versuchung, das Tote an die Stelle des Lebendigen zu setzen. Die Welt der »virtual reality« fasst dies perfekt zusammen. Was ist mit unserer Realität nicht in Ordnung? Warum brauchen wir eine »virtual reality« anstelle der wahren Realität? Das ist das Ersetzen des Brotes durch Steine, die dritte Versuchung der Menschheit.

Diese Versuchungen wirken in verschiedener Weise: die erste Versuchung mehr auf der Ebene des Willens, die zweite auf der Ebene des Fühlens, die dritte auf der Ebene des Denkens. Die dritte Versuchung ist eine subtilere Versuchung, die sich an unser Denkvermögen wendet. Diese drei Versuchungen enthüllen uns den Willen, das Fühlen und das Gedankenleben jenes Wesens, das in christlicher Tradition der »Antichrist« genannt wird, den Rudolf Steiner Ahriman und den die jüdische Tradition Satan nannte.

Man kann auch von einer *vierten* Versuchung zu sprechen: das ist die Wahl zwischen Christus und dem Antichristen. Die vierte Versuchung ist auf das *Ich* des Menschen gerichtet, so wie die anderen drei auf die Seelenkräfte des Wollens, Fühlens und Denkens gerichtet sind. Wenn wir an die Erscheinung der Gestalt Hitlers in den 1930er-Jahren denken, so zeigte sich die Offenbarung des Willens des Antichristen dort als totale Rücksichtslosigkeit, als ein brutaler Wille, Kranke und Schwache zu vernichten. Es handelte sich um eine Animalisierung des Leibes, was man klar daran erkennen kann, dass die Nazideutschen als Ideal das Bild des blonden Tieres, des intelligenten Tieres, hochhielten, das fit, gesund und fähig ist, auf der physischen Ebene einen Herrenmenschen hervorzubringen. Diese Schaffung eines blonden Tieres kann als ein Urbild für die Animalisierung des Leibes angesehen werden.

Dann gibt es die Vegetabilisierung der Seele, also den Vorgang, das Seelische herunterzustufen auf die Ebene des Pflanzlichen. Bewirkt wird das durch Drogen, Alkohol und ähnliche Methoden. In perfekter Form wird diese Methode bei der Behandlung psychiatrischer Patienten, der psychisch Kranken, mit Psychopharmaka deutlich. Jeder, der sieht, was diese Drogen bewirken, weiß, dass sie die Tendenz haben, den Menschen zu einer Art wandelnden Pflanze zu machen, die unfähig ist zu Denken, Fühlen oder wirklich selbständigem Handeln. Jede Art von Drogeneinnahme hat auf lange Sicht die Wirkung der Vegetabilisierung der Seele.

Dann gibt es da noch die Mechanisierung des Geistes. Dies ist die große Versuchung der modernen Technologie, der die Menschheit heute anheim fällt. Ihr Opfer zu werden bedeutet zu glauben, dass die moderne Technologie mehr Faszination bietet als der göttliche Geist. Durch die Aktivität unseres eigenen Geistes können wir in Verbindung mit der göttlichen Weisheit kommen. Aber als Ersatz dafür, anstelle der Aktivierung unseres eigenen Geistes, können wir jetzt vor dem Computer-Bildschirm sitzen und das Wissen der Menschheit mittels Internet anzapfen. Es ist einerseits wirklich ein wunderbares Hilfsmittel, aber es ist andererseits auch eine große Versuchung, das menschliche Wissen an die Stelle der göttlichen Weisheit, der göttlichen Sophia, zu setzen. Die Versuchung, Steine in Brot zu verwandeln, die zur Mechanisierung des menschlichen Geistes führt, ist jetzt in vollem Gange. Sie findet gerade in unserer Zeit statt.

Diese Versuchung enthüllt das Gedankenleben des Antichristen oder Ahrimans, der sein Netz auswirft, um menschliche Seelen zu fangen, so wie vor 2000 Jahren Jesus Christus kam und zu seinen Jüngern sagte: »Ihr sollt Menschenfischer werden«, damit diese Jünger ihr Netz nach Menschenseelen auswarfen, damit auch diese seine Jünger würden. Jetzt wirft der Antichrist sein »Netz« (Internet) über unseren Planeten, um das menschliche Gedankenleben in seine Gewalt zu bringen.

Wir leben in apokalyptischen Zeiten, in Zeiten der Trübsal, die Jesus Christus prophezeite, als er Krieg, Erdbeben und Hungersnot ankündigte. Im Jahr 1906, also kurz nach dem bedeutsamen Jahr 1899, dem Beginn des Neuen Zeitalters, ereignete sich das stärkste Erdbeben, das es jemals in den Vereinigten Staaten gegeben hat, das große Erdbeben von San Francisco. Seitdem gab es viele Erdbeben, die vielen tausend Menschen das Leben kosteten. Wir brauchen nur an das Erdbeben in Tokio 1923 zu denken, das 120 000 Menschen das Leben kostete.

Was die angekündigten Kriege und Hungersnöte angeht: 1914 brach der Erste Weltkrieg aus, 1939 der Zweite Weltkrieg, Kriege, wie sie in dieser Größe nie zuvor auf diesem Planeten erlebt worden waren. Es wird geschätzt, dass im 20. Jahrhundert über 100 Millionen Menschen allein durch Kriege starben. Dazu kommen die Hunderttausende Verhungerten in den Ländern der Dritten Welt. Dies sind die Zeiten der Trübsal, auf die Christus hinwies. Es ist die Schattenseite des größten

Ereignisses unserer Zeit, der Wiederkunft Christi im Ätherischen. Diese Wiederkunft des ätherischen Christus führt nun zu einem ganz großen Ereignis im Jahr 1999.

Rudolf Steiner sprach davon in seinem Karlsruher Vortragszyklus »Von Jesus zu Christus« im Oktober 1911, als er darauf hinwies, dass »gegen das Ende des zwanzigsten Jahrhunderts zu wiederum ein bedeutsames Ereignis«, diesmal nicht auf der physischen, sondern auf der ätherischen Ebene stattfinden würde.[10] Dieses Ereignis wird für die Entwicklung der Menschheit ebenso bedeutsam sein wie das Mysterium von Golgatha vor zweitausend Jahren. Nun ist es möglich geworden, dieses Ereignis genau zu datieren. Vom 3. September bis zum 5. September 1999 wird die Zeit sein, in der in der ätherischen Welt dieses Christus-Ereignis stattfinden wird. 3½ Jahre vorher, am 23. Februar 1996, war die »ätherische Wiederkehr« der Taufe im Jordan. In meinem Buch »Chronik des lebendigen Christus« beschreibe ich eine Möglichkeit, Tag für Tag dem Wirken des ätherischen Christus zu folgen, das dann zu diesem großen Ereignis in der Geschichte unseres Planeten führt, der Wiederkehr des Mysteriums von Golgatha im Ätherischen im September 1999.

Wenn wir uns auf dieses Ereignis einstimmen wollen, können wir damit beginnen, uns einzustellen auf das immer stärkere Anwachsen und die Einstrahlung der göttlichen Liebe, die täglich zunimmt, in die Äther-Aura des Planeten hereinströmt und die ganze Natur durchdringt. Die ganze Erde wird ein Gralsgefäß mit dem göttliche Liebe einströmen lassenden ätherischen Christus, einer Liebe, die Tag für Tag immer stärker wird, wenn wir durch das sich entfaltende Wirken des lebendigen Christus, des ätherischen Christus, fortschreiten, um uns dem jetzt ganz nahen großen Ereignis am Ende dieses Jahrhunderts zu nähern. Dadurch, dass wir uns dessen bewusst werden, können wir anfangsweise den Christus-Impuls in uns aufnehmen, der uns den Weg zur göttlichen Mutter öffnet, einen Weg zur Erfahrung des Atems der Liebe, der vom Reich der Mutter, Schamballa, ausgeht und durch die ganze Natur webt.

Bis jetzt haben wir auf die 33⅓-Jahresperioden im 20. Jahrhundert geblickt, die sich auf den *zeitlichen* Aspekt des Mysteriums des ätherischen Christus beziehen, das die andere Hälfte des Mysteriums der

Anthroposophie ist. Jetzt möchte ich die Aufmerksamkeit auf den *räumlichen* Aspekt des Mysteriums des ätherischen Christus lenken. In jeder dieser drei Perioden richtet der ätherische Christus sich auf eine spezielle geographische Region. In der ersten Periode war es Deutschland bzw. die deutschsprachige Welt. Warum war das so?

Das deutsche Wort »Ich« enthält zugleich die beiden Anfangsbuchstaben für »*I*esus« und »*Ch*ristos« im Griechischen. Das Wort »ich« bezeichnet tatsächlich das göttliche ICH BIN, Iesus Christos, im Innern. Die deutschsprachigen Menschen sind, wie Rudolf Steiner aufzeigte, das Volk, das eine Mission hat, dieses göttliche ICH BIN zur Geburt zu bringen. Aus diesem Grund kam die Anthroposophie, die die Aufgabe hat, zur Geburt dieses göttlichen ICH BIN zu führen, in die deutschsprachige Welt, durch Rudolf Steiner, der aus Österreich kam, in Deutschland wirkte und als zentralen Sitz für die weltweite Anthroposophische Bewegung die deutschsprachige Schweiz wählte. Es war aber eben auch in Deutschland, wo der Gegenimpuls zu dieser Geburt des göttlichen ICH BIN heraufkam und in den 1930er-Jahren, also gegen Ende der ersten 33⅓-Jahresperiode, kulminierte.

Ein neuer Brennpunkt der Einstrahlung des ätherischen Christus entfaltete sich während der zweiten Periode und fand seinen Höhepunkt in den 1960er-Jahren, und zwar in den Vereinigten Staaten. Dort entwickelte sich der Impuls zu spiritueller Gemeinschaft am stärksten. Natürlich breitete er sich auch in anderen Teilen der Welt aus. Im Übergang von der ersten zur zweiten 33⅓-Jahresperiode fand ein Wechsel in der Einstrahlung der Christus-Sonne statt, ein Wechsel von Ost nach West, von Europa nach Amerika. Vor allem an der Westküste der Vereinigten Staaten gab es eine besonders starke Einstrahlung dieses Liebesimpulses und der Gemeinschaft. Dort erhob sich aber auch der Gegenimpuls besonders kräftig mit der Drogenepidemie, die sich dann über die Welt hin ausbreitete.

Mit dem Höhepunkt der dritten 33⅓-Jahresperiode findet ein neuer Wechsel der Einstrahlung der Christus-Sonne statt, ein Wechsel westwärts zum Pazifik hin, ein Gebiet ganz besonderer Art auf unserem Planeten. Die Gebirgskette, die sich von Alaska abwärts durch die Rocky Mountains und durch die Anden zur Südspitze Amerikas zieht, ist so etwas wie die Wirbelsäule von Mutter Erde. Rudolf Steiner sprach von Afrika als dem Herzen der Mutter Erde und vom Pazifik als dem

Schoß der Mutter Erde. Der Pazifik ist die am meisten geschützte, intimste Gegend des Planeten. Der ätherische Christus strahlt jetzt in den Schoß der Mutter Erde, in die Pazifikgegend, Ströme von Lebensenergie, Lebenskräfte, die über den Pazifik zum amerikanischen Kontinent hin wogen und dann zur übrigen Welt.

Dieser Vorgang folgt den Bewegungen der Wolken. Wer Wetterbedingungen studiert, weiß, dass der Pazifik die wichtigste Gegend für die Bestimmung des Wetters der Welt ist. Wenn El Ninjo sich ein wenig verändert, hat dies Auswirkungen auf den ganzen Planeten. Die Bewegung der Wolken vom Westen zum Osten gibt ein Bild ab für die Ströme der Einwirkung des ätherischen Christus, der jetzt in den Schoß der Mutter Erde hineinscheint, dort neues Leben einstrahlt und den Planeten regeneriert. Dies wird jetzt am Ende dieses Jahrhunderts immer stärker. Es deutet hin auf die Verwirklichung der Worte aus dem ersten Kapitel der Offenbarung des Johannes, wo auf das Kommen des ätherischen Christus »in den Wolken« hingewiesen wird.

Auf diesem Hintergrund können wir die Aufgabe der Anthroposophie sehen. Jetzt, da wir ganz nahe am Ende dieses Jahrhunderts stehen und das Höhepunktsereignis vom September 1999 nicht mehr weit ist, wird ein Grundstein für die Entfaltung des Christentums im nächsten Jahrtausend gelegt. Die eine Seite dieses Ereignisses, auf das wir geschaut haben, ist die Erlösung der Mutter Erde durch den ätherischen Christus, der die Menschheit auf den Weg zur göttlichen Mutter führt und den Weg zum Reich der Mutter, nach Schamballa, eröffnet. Anthroposophie bereitet uns auf dieses Ereignis vor. Eine zentrale Aufgabe der Anthroposophie ist es, die Verbindung zu diesem Ereignis des ätherischen Christus zu schaffen.

Die andere Seite des Christus-Ereignisses am Ende des 20. Jahrhunderts ist das »Richten der Lebenden und Toten« durch den Christus, der der Herr des Karma wird und so eine neue Beziehung zu jedem Menschen schafft. Das Gericht findet aber nicht von außen statt, sondern von innen, durch das Erwachen eines bestimmten Bewusstseins, so dass wir damit beginnen, uns selbst zu beurteilen. Dieser Aspekt des Christus-Ereignisses am Ende des 20. Jahrhunderts wurde von Rudolf Steiner in seinem schon oben zitierten Vortragszyklus »Von Jesus zu Christus« (Vortrag vom 8. Oktober 1911) eingebracht. So sind dies zwei Seiten des großen Christus-Ereignisses, das jetzt, am Ende des ersten

Jahrhunderts des apokalyptischen Zeitalters, des Lichten Zeitalters, des Zeitalters des ätherischen Christus, ganz nahe ist.

Der Blick auf den 33 ⅓-Jahresrhythmus kann uns dabei helfen, eine Orientierung zu finden für ein tieferes Verständnis der apokalyptischen Zeiten, in denen wir leben. Er weist uns hin auf den September 1999 als den Höhepunkt des Wirkens des ätherischen Christus im 20. Jahrhundert.

II
ZEUGNISSE FÜR DIE WIEDERKUNFT DES CHRISTUS IN UNSERER ZEIT

Die Wellenbewegung von Christi ätherischer Wiederkunft wiederholt sich rhythmisch alle 33⅓ Jahre. Sie spiegelt sein Erdenleben und teilt jedes Jahrhundert in drei Teile ein. In dieser Hinsicht ist der 33 ⅓-Jahresrhythmus ein Schlüsselrhythmus, der dem Neuen Zeitalter der Wiederkunft zugrundeliegt. Das erste Drittel des 20. Jahrhunderts, in dem der Abstieg des Auferstandenen aus kosmischen Höhen stattfand, sah die Geburt der Anthroposophie als Vorbereitung auf Christi Wiederkunft in die Ätheraura der Erde. Am Abend des 12. Januar 1910 verkündete der Begründer der Anthroposophie, Rudolf Steiner, in Stockholm die bevorstehende Wiederkunft des Auferstandenen. An diesem Tag stand die Sonne in Konjunktion mit dem Planeten Uranus, der oft mit neuen Impulsen in Verbindung gebracht wird. Rudolf Steiner wurde in diesem inspirativen Augenblick zum Propheten der Wiederkunft, zu einer Art »Johannes der Täufer« des 20. Jahrhunderts. Aber sein Tod im Jahr 1925 hinderte ihn daran, das zu erleben, was er vorausgesagt hatte: die Erfüllung von Christi Eintritt in die Ätheraura der Erde, ein Drittel des Weges durch dieses Jahrhundert, was den Beginn des Neuen Zeitalters bedeutete.[11]

Rudolf Steiners Lebenswerk zeigt, dass er mit der Gabe betraut war, sein Bewusstsein nicht nur bis zur Erden-Ätheraura, sondern darüber hinaus bis zu kosmischen Reichen ausdehnen zu können, in denen er den Abstieg des Auferstandenen zur Erde wahrnehmen konnte. So konnte er selbst der Wahrheit seiner Worte hinsichtlich der Wiederkunft Christi gewiss sein, bis hin zur Datierung dieses Ereignisses. Aber für diejenigen, deren Bewusstsein noch nicht so weit entwickelt ist, über den physischen Plan hinaus in die ätherische Welt vorzudringen, bleibt die Frage: Ist es möglich, mit Sicherheit zu wissen, dass die Wiederkunft in der Ätheraura der Erde schon begonnen hat?

Natürlich kann es keine »Beweise« der Wiederkunft im Sinne einer wissenschaftlichen Demonstration geben, aber trotzdem wurde so etwas wie Beweise für dieses Ereignis durch Zeugen seiner Wiederkunft gegeben, die von ihren Erfahrungen berichtet haben. So gibt es z. B. den Zeugen, den David Spangler in seinem Buch »Revelation: The Birth of a New Age« zitiert: »Wie die meisten großen Ereignisse vollzieht sich die Geburt des Neuen Zeitalters ruhig ... Der kosmische Christus stieg herab und betrat das Leben der Erde auf allen Stufen ... Jetzt wandelt Christus wieder unter uns, allerdings mit Ätherkraft umkleidet, und seine Gegenwart belebt das ätherische und geistige Leben von allen, die sich in Liebe und Frieden öffnen können und in ihrer Antwort sich auf seine Ebene erheben ... Die wahre Wiederkunft hat sich ereignet und ist diese Offenbarung und Mitteilung von Christusleben innerhalb der inneren Ebenen der Erde ... Weihnachten 1967 war die Einweihung vollendet ... das Neue Zeitalter war geboren« (Kapitel 4).

Das könnte man so interpretieren, dass die zweiten 33⅓ Jahre von Christi ätherischer Wiederkunft Weihnachten 1967 vollendet seien (tatsächlich im Mai 1966). Obwohl das Jahr 1999 die Kulmination der dritten 33⅓ Jahresperiode bezeichnet, wenn wir vom *kosmischen* Beginn des Neuen Zeitalters 1899 aus messen, kulminiert vom Standpunkt der Erde und der Menschheit aus die zweite 33⅓ Jahresperiode der Wiederkunft im Jahr 1966. Es gibt aber noch andere Menschen, die den Auferstandenen im 20. Jahrhundert erlebten.[12]

Ein bemerkenswertes Buch, das 1973 in Stockholm veröffentlicht wurde, bestätigt die Wahrheit von Rudolf Steiners Voraussage. Es berichtet von einer Anzahl von Zeugen in Skandinavien, die ihre Erfahrungen mit dem Auferstandenen schildern. Es waren im übrigen Menschen, die weder zur Anthroposophie noch zur »New Age«-Bewegung gehörten, die nichts gemeinsam hatten außer den christlichen Glauben.[13]

Aus dem Vorwort ist ersichtlich, dass das Buch mehr oder weniger zufällig zustande kam. Einige Briefe, die Gunnar Hillerdal erhielt, die von ungewöhnlichen Erfahrungen berichteten (»Begegnungen mit Christus«), brachten ihn und dann auch Berndt Gustafsson dazu, eine Anzeige in einer großen schwedischen Tageszeitung aufzugeben. Das war am 24. Dezember 1972. Die Antwort überstieg alle Erwartungen. Der Reichtum dieser Berichte, die vielen sehr beeindruckenden und detaillierten Beschreibungen tiefer persönlicher Erfahrungen, veranlassten sie, eine Auswahl in Buchform zu veröffentlichen.

Bevor wir das von Hillerdal und Gustafsson veröffentlichte Material betrachten, ist es hilfreich, noch einmal auf das zu achten, was Rudolf Steiner in Bezug auf die Wiederkunft sagte. Bei zahlreichen Anlässen (ab 1910) sprach er vom Beginn einer neuen »Christus-Offenbarung« im Laufe des 20. Jahrhunderts, deren Folge es sei, dass zahlreiche Menschen in die Lage kämen, den Christus im Ätherischen wahrzunehmen. Er nannte dies »das größte Geheimnis unseres Zeitalters«[14], aber er warnte vor schlimmen Konsequenzen, wenn es von der Menschheit nicht beachtet würde. Er betonte, dass Christus in der ätherischen Welt erscheinen und dort zum Wohl der Menschheit und der Erde tätig sein würde, unabhängig davon, ob er durch die Menschheit erkannt würde oder nicht. In seinen Beschreibungen, wie die Menschen den ätherischen Christus erfahren würden, deutete er auf einen Helfer und Tröster armer, kranker und verzweifelter Menschen. Rudolf Steiner zeigte auf, wie es für alle Menschen möglich sei, ihm näher zu kommen, indem er den Weg zu Christus durch das Denken charakterisierte:

> Einzig und allein dadurch, dass ich nicht nur Interesse entwickele für dasjenige, was ich selber denke, was ich selber für richtig halte, sondern dass ich selbstloses Interesse entwickele für alles, was Menschen meinen und was an mich herantritt, und wenn ich es noch so sehr für Irrtum halte. Je mehr der Mensch auf seine eigenen eigensinnigen Meinungen pocht und sich nur für diese interessiert, desto mehr entfernt er sich in diesem Augenblicke der Weltentwicklung von dem Christus. Je mehr der Mensch soziales Interesse entwickelt für des anderen Menschen Meinungen, auch wenn er sie für Irrtümer hält, je mehr der Mensch seine eigenen Gedanken beleuchtet durch die Meinungen der anderen, je mehr er hinstellt neben seine eigenen Gedanken, die er vielleicht für Wahrheit hält, jene, welche andere entwickeln, die er für Irrtümer hält, aber sich dennoch dafür interessiert, desto mehr erfühlt er im Innersten seiner Seele ein Christus-Wort, das heute im Sinne der neuen Christussprache gedeutet werden muss. Der Christus hat gesagt: »Was ihr einem der geringsten meiner Brüder tut, das habt ihr mir getan.« Der Christus hört nicht auf, immer wieder und wieder sich den Menschen zu offenbaren, bis ans Ende der Erdentage. Und so spricht er

> heute zu denjenigen, die ihn hören wollen: Was einer der geringsten eurer Brüder denkt, das habt ihr so anzusehen, dass ich in ihm denke, und dass ich mit euch fühle, indem ihr des anderen Gedanken an euren Gedanken abmesset, soziales Interesse habt für dasjenige, was in der anderen Seele vorgeht. Was ihr findet als Meinung, als Lebensanschauung in einem der geringsten eurer Brüder, darin suchet ihr mich selber. – So spricht in unser Gedankenleben hinein der Christus, der sich gerade auf eine neue Weise – wir nähern uns der Zeit – den Menschen des 20. Jahrhunderts offenbaren will.[15]

Da die Christuserfahrung bei seiner Wiederkunft insgesamt eine intime, subjektive Begegnung mit dem Göttlichen ist, sprechen die meisten Menschen, die eine solche Erfahrung machen, nicht darüber, ausgenommen vielleicht zu ihren Ehegatten oder nahen Freunden. Aus diesem Grunde kommen diese spirituellen Erfahrungen von tieferer und inniger Natur gewöhnlich nicht an die Öffentlichkeit.

Es ist deshalb ganz ungewöhnlich, dass über hundert Menschen in Skandinavien von ihren »Christus-Begegnungen« schriftlich berichteten und eine Auswahl dieser Berichte in Buchform veröffentlicht wurde. In einer klaren und bemerkenswerten Weise bestätigen diese Berichte Rudolf Steiners Voraussage der Wiederkunft.

Viele in diesem Buch geschilderte Christus-Erscheinungen widerfuhren Menschen in Not und Krankheit. Von der tröstenden Gegenwart des Auferstandenen gegenüber Menschen in Verzweiflung gibt der folgende Bericht einen Eindruck, der von einer schwangeren Frau aus Dänemark berichtet wird, die an Malaria erkrankte, nachdem sie Thailand besucht hatte:

> Am Weihnachtsabend überfiel mich das Fieber wieder. Ich wurde ins Krankenhaus auf die Entbindungsstation gebracht, bekam schmerzstillende Mittel und wurde dann in ein Zimmer geführt, wo ich ganz allein war. Das Personal flößte mir Mut ein, ich solle keine Furcht haben. Eine Krankenschwester brachte einen Teller roter Suppe, und ich aß sie. Merkwürdig, dass ich es konnte. Nach der Operation wurde ich wieder in den Saal gefahren. Der junge Arzt trat ein und sagte ungefähr, dass unser Kind nicht leben würde. Bei diesen Worten wurde es mir schwarz, total finster.

> Außerhalb Raum und Zeit. »Der Tod«. Das weiß ich nicht. Aber plötzlich war Er da. Ich sah ihn kommen, aber wusste nicht, wer er war. Er griff mit seiner linken Hand meine rechte, und mich erfüllte eine Freudigkeit, die nicht mit Worten beschrieben werden kann; ich fühlte Glückseligkeit, Frieden, Freude, Dankbarkeit. Keine Worte können es beschreiben.[16]

Ein zweiter Bericht einer Norwegerin erzählt von ihrer Erfahrung im Krankenhaus nach einem Unfall, bei dem ihr Bein mit einem Stahldraht durchbohrt worden war. Sie lag mit Schmerzen im Bett. Sie sagte, sie fühlte sich gottverlassen. Dann hörte sie jemanden kommen. Eine Gestalt näherte sich:

> Er war gekleidet in ein langes, weißes Gewand, hoch gewachsen und majestätisch. Er trug … auf dem Haupte eine leuchtende, goldene Krone. Trotz der königlichen Haltung und der erhabenen Würde, die ihn prägte, strahlte unendliche Barmherzigkeit von ihm aus. Die Frau hört Jesus sprechen: »Du hast hier heute viele Ärzte gesehen und du weißt, dass es einen gibt, der sich Oberarzt nennt. Du sollst aber wissen, dass ICH derjenige bin, der Oberarzt in diesem Hause ist, und dieses ist meine Besuchszeit. Wenn der Abend kommt, das Licht gedämpft wird und die Geräusche nachlassen, gehe ich meine Runde, denn dann habe ich die Möglichkeit, die Herzen anzusprechen. Und dir sage ich: Du dürstest, ich dürstete auch; du fühlst dich ganz von Gott verlassen, so ging es mir auch; du hast das harte, kalte Eisen im Fleisch und Blut, das hatte ich auch.« Mehr sagte er nicht; er wandte sich um und war fort. Ich empfand aber eine solche Freudigkeit, dass ich hätte aus dem Bett hüpfen können. Ich durfte in meinem eigenen Körper etwas davon fühlen, was Er für uns alle getan hat.[17]

In dieser Erscheinung werden die Worte Christi am Kreuz wachgerufen: »Mich dürstet« und »Mein Gott, mein Gott, warum hast du mich verlassen?«, ebenso wie die Tatsache, dass Hände und Füße Christi mit Nägeln durchbohrt wurden.

Häufig werden auch Erscheinungen Christi während der Heiligen Kommunion berichtet, wie im Folgenden eine schwedische Frau von einem Erlebnis berichtet, das sie 1966 oder 1967 in einer Kirche in Onsala hatte:

Als man zum Abendmahltisch vorging, blieb ich sitzen. Ich dachte, ich gehe nicht allein heute, sondern warte auf ein anderes Mal. Ich saß rechts in der Kirche, eine oder zwei Bänke unter der Galerie. Ich glaube auch, dass noch eine Person neben mir nach außen saß. Wie ich so sitze und denke, erblicke ich einen blendenden Schein auf dem Gang und dicht vor der Bank, ungefähr in Manneshöhe. Schräg links von mir vernehme ich eine Stimme, die das einzige Wort ausspricht: »Christus«. Es war also, als ob jemand auf diesen Schein hinwies, um zu sagen, wer es war. Einen Augenblick darauf hörte ich von diesem Schein die Worte: »Wer nicht isst und trinkt mit mir, der hat keinen Anteil an mir.« Dann verschwand alles augenblicklich. Ich weiß nicht, ob diese Formulierung in der Bibel steht und von Jesus gesprochen worden ist, aber ich erinnere mich wörtlich genau. Ich stand eilig auf, um zu dem Abendmahltisch zu gehen.[18]

Bei dieser Erscheinung werden die Worte Jesu Christi aus dem sechsten Kapitel des Johannes-Evangeliums wiedergegeben: »Wahrlich, wahrlich, ich sage euch: Wenn ihr das Fleisch des Menschensohnes nicht esst und sein Blut nicht trinkt, so habt ihr kein Leben in euch … Wer mein Fleisch isst und mein Blut trinkt, der bleibt in mir und ich in ihm.«

Abgesehen von Erscheinungen bei Kranken und Bedürftigen und von Erfahrungen bei der Kommunion berichten mehrere Künstler in diesem Buch von ihren Begegnungen mit Christus. Ein Beispiel hierfür ist der Bericht eines Künstlers, der ein Bild malte, das Christus im Garten von Gethsemane zeigte:

Die ganze Zeit über, als ich das Bild malte, reute es mich, dass ich in den Verkauf eingewilligt hatte. Als das Bild fertig war, stellte ich es vor meine Balkontür. Ich setzte mich auf ein Sofa an der gegenüberliegenden Wand. Da schien es mir, als ob Christi Augen und auch seine Hände sich bewegten. Die Blumen im Garten bekamen Leben. Sie waren zu Menschen geworden, die Christus umgaben. Dann sah ich Christus von einer Seite des Bildes zur anderen schwanken. O, wie er sprach! Aber ich vernahm nur ein Wort: »Gethsemane«. Es blitzte, und Christus verschwand in einem lichtblauen Mantel. An seiner Stelle sitzt Maria da, angetan mit einem roten Mantel, und hält ein kleines Kind im Arm. Sie und auch das Kind bewegten sich. Eine Stimme sprach: »Christus ist wiedergeboren.« Dann sah ich wieder einen Blitz, und Christus stand wieder da wie vorher. Er sprach die ganze Zeit, ich sah, wie seine Lippen sich bewegten, aber ich vernahm jetzt keine Worte. Alles dies wiederholte sich mehrmals. Einmal war es Christus, dann wieder Maria mit dem Kind.[19]

Nicht alle beschriebenen Begegnungen sind sichtbarer Natur. Einige berichten von ihrer Erfahrung der Gegenwart Christi als einem strengen, unmissverständlichem Gefühl seiner Nähe, als einer schweigenden, tröstenden, leitenden Kraft. Andere beschreiben innere auditive Erfahrungen Christi, in denen Worte der Hilfe und Tröstung von ihm gesprochen und still und innerlich empfangen wurden. Fast alle, die diese letzte Art der Erfahrung erlebten, wie auch die anderen, die ihn sahen und hörten, schildern ihren Eindruck seiner sanften und freundlichen Stimme, voller Liebe. Diejenigen, die ihn oft gesehen haben, beschreiben die Macht seines liebenden, alldurchdringenden Blickes. Und viele berichten von dem strahlenden Licht, in das er getaucht ist, wie in dem folgenden Bericht:

Plötzlich wurde es unerhört hell im Zimmer. Es wurde so hell, dass die Augen schmerzten, es strahlte aus der Mitte des Raumes, ein Strahlenglanz ohnegleichen ging von der Lampe an der Zimmerdecke aus, breitete sich in allen möglichen schönen Strahlen aus, wie von einem Stern ausgehend. Mitten in diesen Strahlen stand Jesus in aller Lebendigkeit vor mir.[20]

Eine große Anzahl der Erscheinungen fand offenbar nachts statt, wobei oft die Mitternacht erwähnt wird. Ein Bericht beschreibt, dass es die Nacht des Vollmondes war:

Es war ein so wunderlicher Abend, Vollmond und gewaltiger Sturm. Ich stand am Fenster und sehe die Wolken am Himmel jagen. Da denke ich an ein Gedicht von Hjalmar Gullberg. Als ich das Gedicht gesprochen hatte, kam jemand in mein Zimmer. Ich wusste im Augenblick, wer das war, sank am Fensterbrett auf die Knie und wagte nicht, mich umzuwenden und ihn anzusehen.

> Von ihm strömten ein Licht und ein Friede aus, der über allem Verstand ist. Ich fühlte deutlich die Berührung seiner Hand, als Er sich bückte und mir eine Last abnahm, die Bürde, dass ich nicht zu seinem Werkzeug tauge. Wie lange ich an dem Fensterbrett auf den Knien lag, weiß ich nicht. Aber draußen vor dem Fenster wurde aus dem dunklen (Fenster-)Kreuz ein anderes Kreuz, das war hell und reichte bis zum Himmel. Seine Stimme erklärte mir das Mysterium des Kreuzes. Ich hörte keine Stimme, aber auf wunderbare Weise wurde mir die Bedeutung des Kreuzes klar. Das Opferthema war mir so schwer begreiflich gewesen, nun verstand ich, so glaube ich, auf einmal den tiefen Sinn von Christi Opfertat und deren Bedeutung für jeden einzelnen Menschen. Eine gewaltig große Perspektive eröffnete sich da. Ich sah das Kreuz zwischen Himmel und Erde wie eine Achse, um die sich alles drehte, das innerste Geheimnis der Schöpfung, die göttliche Liebe.[21]

Dieser Bericht erinnert daran, dass Christi Kreuzestod am Karfreitag zur Zeit des Vollmondes stattfand. Die vorhergehenden Beschreibungen zeigen, dass eine Reihe von Menschen seit dem Beginn dieses Ereignisses im 20. Jahrhundert Erfahrungen von der Wiederkunft Christi haben. Aus diesen Beschreibungen wird Rudolf Steiners Vorhersage bestätigt: Erscheinungen des ätherischen Christus können unerwartet stattfinden, überall, zu jeder Zeit, an jeden gerichtet. Wer kann sagen, wie viele Menschen unserer Zeit solche Erfahrungen gemacht haben? Allen diesen Erscheinungen ist die Erfahrung von Christus als einem Tröster, Helfer und Quell heilender Kräfte gemeinsam. Diese tiefe persönliche Erfahrung ist unvergesslich, eine heilige Erinnerung, die gewöhnlich nicht nur einen Durchbruch zu der religiösen Dimension des Lebens bedeutet, sondern auch von einer großen Stärkung der Seele und der Lebenskräfte begleitet ist. Mit Rudolf Steiners Worten: Dies ist das »größte Geheimnis unseres Zeitalters«, das den Beginn des Neuen Zeitalters, des lichten Zeitalters, anzeigt.

III
STERNENWEISHEIT UND DER HEILIGE GRAL

Er jach, ez hiez ein dinc der grâl,
des namen las er sunder twâl
inme gestirne, wie der hiez:
»Ein schar in ûf der erden liez,
diu fuor ûf über die sterne hôch.«
(Wolfram von Eschenbach: Parzival, 454, 21-25)

Er sagte, ein Ding hieße der Gral,
dessen Namen hatte er deutlich
in den Sternen gelesen:
»Eine Engelschar ließ ihn auf der Erde zurück,
als sie über die Sterne hoch emporflog.«

Aus den hier zitierten Worten wird deutlich, dass mit dem Heiligen Gral ein kosmisches Geheimnis verbunden ist. Es wird nämlich Bezug genommen auf die Sternenkonstellationen und auf eine Schar von Engeln. Diese Engelschar brachte den Heiligen Gral, ließ ihn auf der Erde und kehrte dann in die Sternenwelt zurück. Wie ist das zu verstehen?

Die Legende verbindet den Heiligen Gral mit dem heiligen Gefäß, das Jesus beim Letzten Abendmahl benutzte und das Josef von Arimathäa bei der Kreuzigung unter das Kreuz hielt, um darin etwas vom heiligen Blut des Messias zu sammeln. Der Gral beinhaltete so das Wesen des Christus. Er symbolisiert das mit seinem Blut, das zur Erlösung der Erde und der Menschheit geopfert wurde, verbundene Geheimnis. Beim Letzten Abendmahl enthielt das heilige Gefäß den Wein, den Jesus Christus segnete und seinen Jüngern übergab mit den Worten: Nehmt den Wein und teilt ihn unter euch! Von jetzt ab werde ich keinen Wein mehr trinken, bis das Reich Gottes kommt. Jetzt beginnt ein neues Zeitalter und ein neues Opfer, das bis zum Ende der Welt dauern wird.

Nach der Legende war es dasselbe Gefäß, mit dem Melchisedek das Opfer von Brot und Wein einsetzte, das er dem Abraham übergab, dem Gründungsvater des Volkes Israel. Von Abraham wurde das heilige Gefäß dem Moses übergeben. Später wurde es ein Teil des Tempelschatzes. Es blieb im Tempel bis zur Zeit Jesu, als es durch göttliche Fügung an einen von Jesu Anhängern verkauft wurde.

Was auch immer der tatsächliche Ursprung des beim Letzten Abendmahl benutzten Gefäßes sein mag: Es symbolisiert deutlich ein Geheimnis, nämlich das Geheimnis des Bundes zwischen Gott und der Menschheit. Der erste Bund, bei dem Melchisedek die Vermittlerrolle spielte, wurde geschlossen zwischen Gott und dem Volke Israel, das durch Abraham repräsentiert wurde; denn Melchisedek, König von Salem, war Priester des höchsten Gottes. Der im Rahmen des Letzten Abendmahles geschlossene Bund war ein Bund zwischen dem Gottessohn, Jesus Christus, und seinen durch die Jünger repräsentierten Anhängern. Vollendet wurde dieser Bund bei der Kreuzigung, als sich das Blut Christi mit der Erde vereinigte. Das war, mittels des Blutes Christi, der Bund mit der Erde als solcher. Und auf dieses Geheimnis des ewigen Bundes mit der Erde richtete sich Josef von Arimathäa, als er das heilige Gefäß hochhielt, um etwas vom Blut, das aus den Wunden Christi strömte, aufzufangen. Dieses Geheimnis hat aber eine kosmische Dimension, die von den Menschen zur Zeit Christi noch nicht verstanden werden konnte. Aus diesem Grund wurde das im Heiligen Gral symbolisierte Geheimnis Christi von den Engeln aufbewahrt, bis die Zeit dafür reif war, dass es geoffenbart wurde.

Wie die Gralslegende berichtet, brachten Engel den Gral zu Titurel, einem geheimnisvollen und spirituell hoch entwickelten Menschen, der, wie sein Vorgänger Melchisedek damals, im Dienste des höchsten Gottes das Geheimnis der Kommunion des Gral einrichtete und die Bruderschaft vom Heiligen Gral begründete. Die Gralsfamilie stammt von Titurel ab, und die zum Dienst am Heiligen Gral Berufenen waren in der Lage, etwas vom Mysterium des Christus zu verstehen, allerdings mehr auf der Ebene des Gefühls als auf ganz bewusste Weise. Eine bewusstere Teilnahme am Mysterium Christi war einer späteren Zeit vorbehalten, dem Zeitalter der Wiederkunft des Christus.

Hier gibt es nun eine Analogie zwischen der durch Melchisedek als Vorbereitung für die Einsetzung des heiligen Sakramentes beim Letzten Abendmahl durch Christus selbst eingerichteten Kommunion und der durch Titurel als Vorbereitung für die bewusstere Teilnahme am Mysterium des Heiligen Grals eingesetzten Kommunion, die jetzt durch die Wiederkunft Christi möglich geworden ist.

So wie die Engel aus kosmischen Bereichen den Gral zu Titurel hinunterbrachten, so stieg, zu Beginn der Wiederkunft, Christus selbst aus dem Kosmos zur Erde herab, wobei er zwischen 1920 und 1932 die Sphäre der Engel – kosmisch gesehen die durch die Mondumlaufbahn begrenzte Sphäre – durchschritt. Danach begann die Wiederkunft im menschlichen Bereich, in der Erdensphäre, die um das Jahr 1932/1933 datiert werden kann.

Der Zeitraum von 1920 bis 1932 ist von besonderer Bedeutung; denn während dieser Zeit wurde das Gralsmysterium innerhalb der Engelsphäre erneuert, und zwar nicht nur auf der Gefühlsebene, sondern umfassender: auf der Ebene des menschlichen Willens, Fühlens, Denkens und des Ich. Zu Titurels Zeiten war für die Mitglieder der Bruderschaft vom Heiligen Gral die Möglichkeit eröffnet, etwas vom Mysterium Christi auf der Gefühlsebene zu erfahren. Das wurde möglich durch die mit Titurel beginnende Verbindung des Bereichs der Engel (Mondensphäre), in dem dieses Mysterium seit der Zeit Christi behütet wurde, und des Bereichs der Menschen. Dies war aber nur eine Vorbereitung auf die Zeit, in der Christus selbst den engelischen Bereich betrat, als eine vollständigere Erfahrung des erneuerten Gralsmysteriums möglich wurde. Aber genau so wie zur Zeit Titurels ein Individuum gefunden werden musste, das würdig war, die Aufgabe, das Gralsmysterium zu den Menschen zu bringen, zu erfüllen, so wurde ein Individuum gesucht, das würdig war, der Menschheit den neuen Gralsimpuls zu bringen. Das war Rudolf Steiner (1861-1925), der Begründer der Anthroposophischen Gesellschaft.

Die Vorbereitung auf diese Aufgabe hatte im Leben Rudolf Steiners in der Tat schon lange vorher begonnen, gleichzeitig mit dem Abstieg Christi aus den kosmischen Bereichen.[22] Diesem Abstieg kann man mithilfe eines besonderen kosmischen Rhythmus folgen, nämlich dem Gang Jupiters durch die Tierkreiszeichen. In Übereinstimmung mit der kosmischen Natur des Christus, des Sonnengeistes, ist hier allerdings der *helio*zentrische Umlauf Jupiters von Bedeutung (heliozentrisch meint: sonnenzentriert, wobei die Planetenumläufe gegen den Hintergrund der Sternenkonstellationen betrachtet werden, wie sie von der Sonne aus gesehen werden). Die Einteilung der Sternbilder des Tierkreises in ungleiche Sternengruppen, wie sie in der modernen Astronomie dargestellt wird, entspricht nicht der geistigen Wirksamkeit der Sternbilder des Tierkreises. In Bezug auf diese geistige Wirksamkeit der Tierkreis-Sternbilder sind sie alle gleich lang. In der Tat sind sie Sternzeichen, die jeweils 30° umfassen, wie ich es in meinem Buch »Zu einer neuen Sternenweisheit« dargestellt habe.

Hier ist der Vorgänger des astronomischen Tierkreises, der ursprüngliche astronomisch-astrologische Tierkreis der Babylonier, Ägypter und der alten Griechen relevant. Dieser Tierkreis, bekannt als siderischer Tierkreis, beinhaltet eine Einteilung der Sternbilder in zwölf gleiche Sternengruppen von je 30° Länge, d. h. zwölf siderische Zeichen, wobei die 30°-Sternzeichen annähernd zusammenfallen mit den Sternbildern des astronomischen Tierkreises (vgl. die Abbildung S. 42).

Vor allem der Eintritt Jupiters (heliozentrisch gesehen) in das siderische Zeichen des *Löwen* ist der wichtigste, dem Abstieg des Christus aus kosmischen Bereichen auf die Erde zugrunde liegende Rhythmus. Dieser Rhythmus wiederholt sich alle zwölf Jahre (weniger ca. sieben Wochen). Der heliozentrische Eintritt des Jupiter in den siderischen Löwen fand in enger zeitlicher Nähe zur Sommersonnenwende im Jahr 1920 statt und kehrte wieder um das Fest Christi Himmelfahrt des Jahres 1932 herum. Während dieses Zeitraums fand der Durchgang des Christus durch die Engelsphäre statt. In Übereinstimmung mit diesem Jupiter-Rhythmus fiel der Beginn der Wiederkunft im irdischen Bereich (Erdsphäre), das Wiedererscheinen Christi in einer Geistgestalt, mehr oder weniger mit dem Himmelfahrtstag 1932 (Donnerstag, 5. Mai) zusammen.

Es war am Himmelfahrtstag des Jahres 33 n. Chr. (Donnerstag, 14. Mai), als Jesus Christus seinen Aufstieg in den kosmischen Bereich des Vaters begann, wobei er auf diesem Weg zunächst den Bereich der Engel betrat (Mondsphäre), der an den menschlichen Bereich angrenzt. An diesem Tag stieg der Christus in Begleitung seiner Jünger auf den Gipfel des Ölbergs und wurde auf seinem Weg immer mehr und mehr mit Licht durchstrahlt. Als er den Gipfel des Ölbergs erreichte, strahlte

Der siderische Tierkreis in Beziehung zu den vier Stützpunkten des tropischen Tierkreises

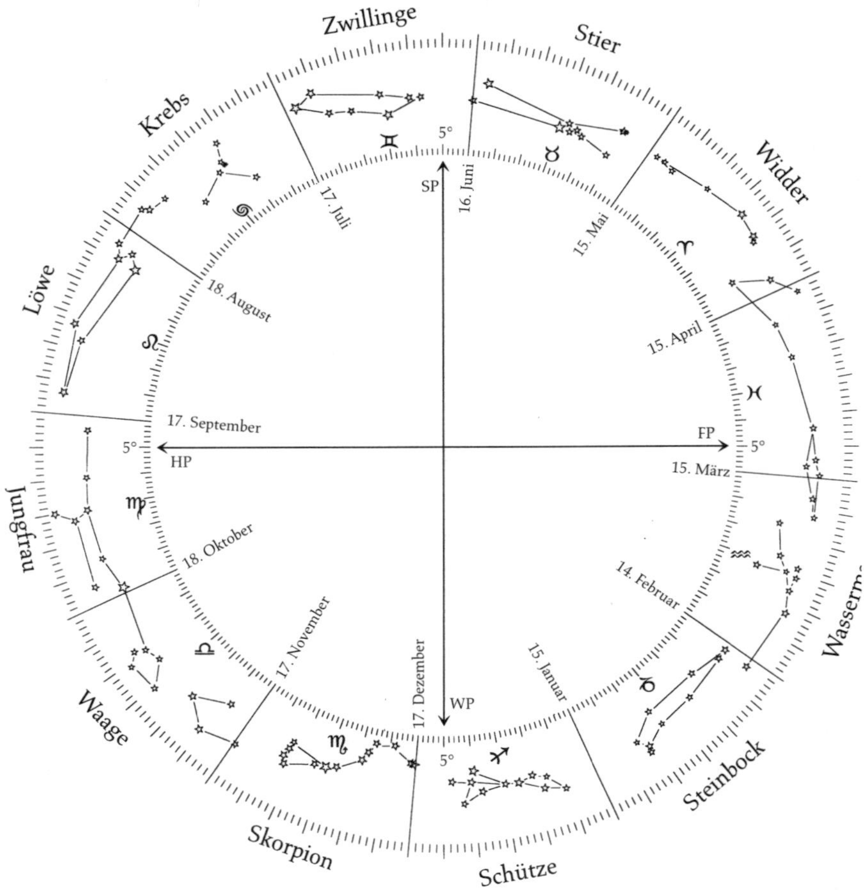

Die Daten der Übergänge der Sonne in die zwölf Sternzeichen des siderischen Tierkreises sind wie angegeben in der Abbildung. Die Daten der Konjunktionen der Sonne mit den vier Stützpunkten des tropischen Tierkreises sind wie folgend:

F.P. = Frühlingspunkt (21. März) = 5° Fische
S.P. = Sommerpunkt (22. Juni) = 5° Zwillinge
H.P. = Herbstpunkt (23. September) = 5° Jungfrau
W.P. = Winterpunkt (22. Dezember) = 5° Schütze

(Diese und die in der Abbildung angegebenen Daten können sich um einen Tag verschieben.)

aus ihm ein Licht, heller als die Mittagssonne. Er erhob dann seine rechte Hand und legte die linke Hand auf seine Brust. Indem er sich langsam wendete, segnete er die ganze Welt. Die Herrlichkeit des Lichtes, die von Jesus Christus ausging, wurde immer größer, bis er schließlich in einer Lichtwolke verschwand. Aus diesem Licht heraus erschienen dann zwei Engel. Sie wandten sich an die auf dem Ölberg zurückgelassenen Apostel und Jünger und sprachen mit tönender Stimme: »Ihr Männer von Galiläa, warum steht ihr da und schaut zum Himmel? Dieser Jesus, der vor euren Augen zum Himmel erhoben wurde, wird in derselben Weise kommen, in der ihr ihn habt zum Himmel fahren sehen.« Die Engel verschwanden dann in der sich zurückziehenden Lichtwolke und kehrten zurück in den engelischen Bereich, in die durch die Mondumlaufbahn begrenzte Sphäre.

Gerade so, wie Christus auf diese Weise am Himmelfahrtstag des Jahres 33 den Aufstieg zum Vater begann, begann seine Wiederkunft, wie von den ihn begleitenden Engeln versprochen, ungefähr neunzehn Jahrhunderte später, um den Himmelfahrtstag des Jahres 1932 herum. Das fällt fast genau mit dem heliozentrischen Eintritt des Jupiter in den siderischen Löwen zusammen.

Die moderne Suche nach dem Heiligen Gral ist die Suche nach dem auferstandenen Christus, der durch seine Wiederkunft ein Neues Zeitalter eingeleitet hat. Eine moderne Wissenschaft vom Gral hat die Aufgabe, das kosmische Mysterium des Christus zu verstehen, das den Menschen (wenn es auch von einigen, wie z. B. von Josef von Arimathäa, erspürt wurde) zu Beginn des christlichen Zeitalters verborgen blieb und von dem nur einige Schimmer von Angehörigen der Bruderschaft vom Heiligen Gral, die durch Titurel im 8./9. Jahrhundert gegründet wurde, erblickt werden konnten. (Titurel war ein Zeitgenosse Karls des Großen).

Eine neue Sternenweisheit, in der konkreten Gestalt einer neuen Wissenschaft vom Gral, beschäftigt sich unter anderem mit dem Geheimnis der Kommunion, d. h. der Kommunion zwischen dem Menschen und der Sternenwelt. Eine Sternenweisheit im Licht des Heiligen Gral hat die Aufgabe zu erkennen, wann die kosmischen Konstellationen auftreten, die für die innere Kommunion des Menschen mit dem auferstandenen Christus günstig sind. Eine solche Konstellation ist angezeigt durch den heliozentrischen Eintritt Jupiters in den siderischen Löwen. Genau diese Konstellation herrschte bei der Geburt Rudolf Steiners am 25. Februar 1861.[24] Diese Konfiguration wiederholte sich in Abständen von zwölf Jahren: am 1. Januar 1873, am 11. November 1884, am 21. September 1896, am 4. August 1908, am 15. Juni 1920 und am 25. April 1932. Von der Geburt Rudolf Steiners bis zu Michaeli 1896 betraf der Abstieg Christi aus den kosmischen Bereichen die Sonnensphäre, die Sphäre der erhabenen geistigen Wesen der zweiten Hierarchie (Kyriotetes, Dynameis, Exusiai). Auf diesem Abstiegsweg durch die Sonnensphäre wurde Christus ohne Hindernisse im Bereich der Kyriotetes aufgenommen (1861–1873). Aber während des Durchgangs durch den Bereich der Dynameis (1873–1884) stieß er auf Schwierigkeiten, die sich auf der Erde im russisch-türkischen Krieg widerspiegelten (1877–1878). Der Durchgang durch den Bereich der Exusiai (1884–1896) geschah wieder ohne Hindernisse, ebenfalls der Abstieg durch den Bereich der Archai, der Zeitgeister (1896–1908).

Im Jahr 1899, kurz nach dem Eintritt des Christus in den Bereich der Archai, hatte Rudolf Steiner eine tiefe Erfahrung, eine christliche Einweihung, die sein ganzes Leben veränderte und ihn darauf vorbereitete, ein Geisteslehrer zu werden mit der Aufgabe, das Nahen der Wiederkunft anzukündigen. Zu dieser Zeit des Beginns des Neuen Zeitalters ging Christus durch die Sphäre der Archai, und Rudolf Steiner schrieb später in seiner Autobiographie (»Mein Lebensgang«) über diese tiefe Erfahrung, dass sie gegen Ende des 19. Jahrhunderts stattgefunden habe. Durch diese Erfahrung im Jahr 1899 wurde er ein Apostel oder Prophet des ätherischen Christus.

Der Durchgang des Christus durch die Sphäre der Erzengel (Volksgeister) von 1908 bis 1920 rief Widerstand hervor, der sich auf der Erde im Ersten Weltkrieg widerspiegelte (1914–1918). Kurz nach Eintritt Christi in die kosmische Sphäre der Erzengel hatte Rudolf Steiner eine Erfahrung, die ihn befähigte, mit der Ankündigung zu beginnen, dass die Wiederkunft bevorstehe und dass bald einige Menschen fähig sein würden, den ätherischen Christus im irdischen Bereich zu schauen, wie die Apostel es zwischen Ostern und Himmelfahrt im Jahr 33 taten.[25]

Der Durchgang des Christus durch die Sphäre der Engel (1920–1932) eröffnete Rudolf Steiner eine weitere neue Erfahrung der Wiederkunft.

Aus dieser Erfahrung heraus wurde er dazu berufen, im 20. Jahrhundert von neuem das Gralsgeheimnis zu inaugurieren. Höhepunkt dieses Vorgangs war der Weihnachtstag des Jahres 1923. Bei dieser »Weihnachtstagung« der Anthroposophischen Gesellschaft wurde er berufen, wie Titurel mehr als tausend Jahre vorher, das Gralsgeheimnis zu erneuern, eine neue Verbindung zwischen dem Bereich der Menschen und dem Bereich der Engel herzustellen. Die durch Rudolf Steiner bei dieser Gelegenheit aus dem Bereich der Engel geoffenbarte Meditation, die Grundstein-Meditation, bezieht sich auf den heiligen Stein der Liebe (als Symbol für den Heiligen Gral, der das Mysterium des Christus verkörpert, der zu dieser Zeit durch den Bereich der Engel abstieg). Die vier Strophen dieser Meditation sind gerichtet an den menschlichen Willen, an das Fühlen, das Denken und an das Ich, um sie in Verbindung zu bringen mit den kosmischen Rängen der geistigen Hierarchien und mit der strahlenden Christus-Sonne, die durch die Wiederkunft wieder zur Menschheit kommt, von neuem geboren aus dem Bereich der Engel, in die Christus am Himmelfahrtstag des Jahres 33 hinaufgestiegen war.

Eine voll bewusste Erfahrung des Inhalts dieser Meditation ist nur aus dem Engelbereich heraus möglich, aus dem er stammt und wo das Gralsmysterium bewahrt wird; aber die Bemühung des Menschen, diese Meditation im Innern zur Verwirklichung zu bringen, bildet einen Schritt in Richtung auf die Bildung einer neuen Verbindung zwischen dem Bereich des Menschen und dem der Engel, für eine neue Teilhabe am Mysterium des Christus.

Es bleibt die Frage: Was ist die Bedeutung des oben genannten Jupiter-Rhythmus? Warum soll er in Verbindung gebracht werden mit dem Abstieg Christi durch die kosmischen Sphären der Hierarchien hin zur Erde?

Die heliozentrische Umlaufbahn des Jupiter bezeichnet die Grenze der als »Alte Sonne« bezeichneten Stufe der kosmischen Evolution.[26] Während dieser Entwicklungsstufe wurde der Ätherleib oder Lebensleib des Menschen gebildet, und der Ätherleib des Christus ist im Wesentlichen ein unendlich dichterer Lebensleib als der menschliche Ätherleib. Christi Ätherleib ist sozusagen ein »Stück Sonne«, das auf uns gekommen ist als eine Erinnerung an die alte Sonne, die von Jupiter umrahmt wurde. Der Jupiter-Rhythmus ist, heliozentrisch gesehen, von der Art, dass Jupiter fast zwölf Jahre braucht für einen Umlauf um den siderischen Tierkreis, wobei er sich ungefähr ein Jahr in jedem Tierkreiszeichen aufhält. Aber warum soll gerade der Eintritt des Jupiter in den siderischen Löwen den Ausgangspunkt für diesen Rhythmus bilden (im Hinblick auf Christus) und nicht z. B. sein Eintritt in den siderischen Widder?

Hier handelt es sich um ein Mysterium, das mit dem menschlichen Herzen verbunden ist; denn das Herz ist gebildet aus den Tierkreiskräften, die von dem siderischen Löwen ausgehen. Und das Herz – makrokosmisch der Löwe – ist der Ausgangspunkt für die Entfaltung des Christus-Impulses, der in das Herz jedes Menschen eingepflanzt ist. Rudolf Steiner wies hin auf das menschliche Herz als das Zentrum, in das hinein der Grundstein der Liebe eingepflanzt werden muss, damit dieser sein geistiges Potential entfalten kann. Der Eintritt des Jupiter, heliozentrisch gesehen, in den siderischen Löwen entspricht makrokosmisch der Entfaltung des neuen Zyklus des Christus-Impulses, der zuerst im Herzen aufgenommen werden kann. In diesem Licht gesehen ist die Bezeichnung des Christus als des »Löwen von Juda«, was offensichtlich ein Hinweis auf das Tierkreiszeichen des Löwen ist, sehr passend.

Wenn wir schließlich die Daten des heliozentrischen Eintritts Jupiters in den siderischen Löwen betrachten – seine Rückkehr an dieselbe Tierkreisposition wie bei der Geburt von Rudolf Steiner –, kommen wir von 1932 ab zu folgenden Daten: 12. März 1944, 22. Januar 1956, 3. Dezember 1967, 14. Oktober 1979. Diese Daten sind verbunden mit dem weiteren Weg des Christus nach dem Beginn der Wiederkunft im Jahr 1932. In dem Zeitraum von 1932 bis 1944, als die Wiederkunft in der Erdsphäre begann, rief das Kommen Christi im menschlichen Bereich Widerstand hervor; dieser spiegelte sich im Zweiten Weltkrieg (1939–1945).

In jedem Fall stellen die eben erwähnten Daten Stufen dar in der Entfaltung des Christus-Impulses im Neuen Zeitalter, dem Zeitalter der Wiederkunft, das im Jahr 1932 begann. An dieser Stelle können nur sehr kurze Hinweise darauf gegeben werden, wie sich wie in Wellen die neuen Herz-Impulse in bestimmten geschichtlichen Vorgängen, die diese Impulse widerspiegeln, geäußert haben, die alle stattfanden, als

Jupiter im siderischen Löwen stand. Die folgenden Beispiele stellen die eindrucksvollsten Geschehnisse im gesellschaftlich-sozialen Feld dar:

1956: der Volksaufstand als Freiheitsbewegung in Ungarn

1968: das Aufkommen des »Sozialismus mit menschlichem Antlitz« in der Tschechoslowakei (»Prager Frühling«)

1979/1980: der Beginn der »Solidarnosch«-Bewegung in Polen mit ihrem Ruf nach Liberalisierung

Das Datum des bisher letzten heliozentrischen Eintritts des Jupiter in den siderischen Löwen war der 25. August 1991, die Zeit des Zusammenbruchs des Kommunismus in der Sowjetunion, nach dem Fehlschlagen des Umsturzversuches durch die »Hardliner«-Kommunisten (18.-21. August). Wenn auch die obigen Daten alle exakt angegeben werden, so sollten sie jedoch nicht nur auf den exakt angegebenen Tag bezogen werden; denn die Entfaltung eines kosmischen Impulses geschieht, wie das Wachsen einer Pflanze, langsam, fast unmerklich. Doch kann man diese Daten verstehen als Hinweise auf die Stufen des sanften Prozesses der Entfaltung des Christus-Impulses durch die Wiederkunft. In diesem Sinne kann die Betrachtung dieses Jupiter-Rhythmus zu einem neuen Bewusstsein vom Kosmos und seinen Rhythmen beitragen, und auch zu einem neuen Bewusstsein von der Beziehung der Menschheit zum Kosmos auf der Suche nach dem Heiligen Gral, der Suche nach einer neuen und bewussten Kommunion mit Christus, der kosmischen Kommunion, der die neue Sternenweisheit zu dienen versucht.

IV
DIE UNTER-NATUR UND DIE WIEDERKUNFT

Im Vorhergehenden ging es um die Bedeutung des Jupiterumlaufs durch den siderischen Tierkreis in Verbindung mit dem Weg des Christus aus kosmischen Höhen zur Erde vor dem Beginn seiner Wiederkunft. Ebenso wurde auf die Bedeutung des 33⅓-Jahresrhythmus von Christi Erdenleben zum Verständnis der »Wellenbewegung« seiner Wiederkunft aufmerksam gemacht.

In Kapitel 9 (»The Second Coming and the New Age«) meines Buches »Hermetic Astrology II, Astrological Biography« habe ich dies ausführlich dargelegt und die beiden Rhythmen mit exakten Daten nebeneinander gestellt. Hier seien die Daten für den Jupiter-Rhythmus noch einmal zusammengefasst:

Christi Abstieg durch die Hierarchien	*Planetensphäre*	*Daten*
Kyriotetes – Geister der Weisheit	Sonne	20.02.1861-01.01.1873
Dynameis – Geister der Bewegung	Sonne	01.01.1873-11.11.1884
Exusiai – Geister der Form	Sonne	11.11.1884-21.09.1896
Archai – Geister der Persönlichkeit	Venus	21.09.1896-04.08.1908
Archangeloi – Feuergeister	Merkur	04.08.1908-15.06.1920
Angeloi – Geister des Zwielichts	Mond	15.06.1920-25.04.1932

Die angegebenen Daten beziehen sich auf Jupiters heliozentrischen Eintritt in den siderischen Löwen. Es sind die astronomisch errechneten Daten; natürlich können die wirklichen Daten von Christi Abstieg etwas von den errechneten abweichen. Beispielsweise fiel der Beginn von Christi Weg durch das Reich der Kyriotetes mit Rudolf Steiners Geburt am 25. Februar 1861 zusammen, fünf Tage nach Jupiters heliozentrischem Eintritt in den siderischen Löwen.

Mit der Vollendung von Christi Abstieg durch die Planetensphären fand sein Eintritt in die menschliche Sphäre statt. Das errechnete Datum ist der 25. April 1932, nahe beim Himmelfahrtstag (5. Mai) dieses Jahres. Am Himmelfahrtstag (14. Mai) 33 n.Chr. verließ – wie wir bereits schilderten – Christus die Erde, um seinen Weg zum Vater zu beginnen, als er auf dem Ölberg Abschied nahm von seinen Jüngern. Nach den vorhergehenden Überlegungen erscheint es von *einem* Gesichtspunkt her gesehen möglich, die Engelverkündigung bezüglich Christi Wiederkunft ungefähr auf den Himmelfahrtstag 1932 zu datieren. Zu diesem Datum gelangt man, wenn man dem Jupiterrhythmus folgt. Allerdings kommt man zu einem etwas anderen Datum, wenn man dem 33⅓-Jahresrhythmus von Christi Leben folgt. Betrachten wir nun diesen zweiten Rhythmus.

Die Zeit vom Augenblick der Geburt des Jesus von Nazareth bis zur Auferstehung in der Frühe des Ostermorgens betrug genau 33⅓ Jahre (weniger 1¾ Tage).[27] Wie aus dem Folgenden hervorgehen wird, ist dieser Rhythmus von allergrößter Bedeutung für die Erde und für die Menschheit. Es ist ein Rhythmus, der sich seit dem Mysterium von Golgatha 33 n. Chr. immer und immer wieder wiederholt hat.

So bringen uns z. B. neun Zyklen von 33⅓ Jahren, wenn man sie zum Ostersonntag (5. April) im Jahr 33 n. Chr. hinzuzählt, zum 21. März 333 n. Chr., zu dem Jahr, auf das Rudolf Steiner oft als auf einen großen, kritischen Zeitpunkt, einen Wendepunkt, in der menschlichen Entwicklung hingewiesen hat. Er sagt:

> Dieser astralische Leib war im Wesentlichen immer vor dem Jahre 333 so, dass ich ihn diagrammatisch so zeichnen müsste: Der größere Teil dieses astralischen Leibes, der wirksamere Teil dieses astralischen Leibes war im oberen Menschen, der weniger wirksame war im unteren Menschen...Und in diesem Jahr 333, da war das so, dass der obere Teil des astralischen Leibes gleich wurde dem unteren. Das war die Krisis im Jahre 333 nach Christus. Und seither nimmt der obere Teil des astralischen Leibes immer mehr ab beim Menschen. Darin besteht seine Entwickelung.[28]

Ein anderes entscheidendes Datum, von dem Rudolf Steiner oft sprach, ist 1899, das Ende des Kali Yuga (des finsteren Zeitalters), das nach der

Hindu-Chronologie fünftausend Jahre zuvor begann, am 17./18. Februar 3102 v. Chr. (3102 v. Chr. = –3101, 3101 + 1899 = 5000). Fügen wir 56 Zyklen von 33⅓ Jahren zu dem Auferstehungsdatum am 5. April 33 n.Chr. hinzu, so kommen wir zum 10. September 1899. Dies fiel mit dem Ende des Kali Yuga und mit dem Beginn des Neuen Zeitalters, dem Satya Yuga (dem Lichten Zeitalter), zusammen. Die »Reinkarnation«, die Wieder-Ver*leib*lichung Christi in seinem Äther*leib*, die auf den kosmischen Weg des Aufstiegs und Abstiegs zwischen 33 n. Chr. und 1899 folgt, ist im Übrigen der Grund, warum 1899 als der Anfangspunkt des »Neuen Zeitalters« bezeichnet wird.

Die vier verschiedenen Arten von Kommunion

Wenn wir so zu einem Verständnis der tieferen Bedeutung des 33⅓-Jahresrhythmus kommen, sind wir in der Lage zu verstehen, inwiefern es gerechtfertigt ist, vom Beginn des 20. Jahrhunderts als von dem Beginn des Neuen Zeitalters zu sprechen. Zugleich sollten wir versuchen, den 12-Jahresrhythmus des Jupiter in seiner Beziehung zum 33⅓-Jahresrhythmus zu verstehen. Dazu ist es hilfreich, eine Annäherung an ein tiefes Mysterium zu suchen, das die Beziehung Christi zum Menschen betrifft. Dies ist *ein* Aspekt des Gralsmysteriums, das das tiefe Mysterium der verschiedenen Arten der Kommunion mit Christus enthält.

Um uns diesem Geheimnis zu nähern, brauchen wir den »Zauberstab der Analogie« (um einen Ausdruck von Novalis zu gebrauchen). Das hermetische Prinzip der Analogie bietet uns einen Schlüssel, mit dem wir anfänglich die Beziehung Christi zum Menschen verstehen können. So wie der Mensch vierfältig ist – physischer Leib, Ätherleib, Astralleib und Ich –, ebenso ist es für ihn möglich, in eine Beziehung mit dem einen oder anderen Glied des Christuswesens zu treten: mit seinem physischen Leib (oder Auferstehungsleib), seinem Ätherleib, seinem Astralleib und seinem Ich. Dies ermöglicht vier verschiedene Arten der Kommunion mit Christus. Wir wollen diese eine nach der anderen betrachten. Um Missverständnisse zu vermeiden, sei hier ausdrücklich betont, dass die im Folgenden dargestellten Arten der Kommunion nicht dem kultisch-rituellen Bereich angehören und so auch keine »Konkurrenz« darstellen für eine Kommunion in solchen Kultusformen (z. B. katholische Messe und Menschenweihehandlung der Christengemeinschaft).

Die *erste* Art der Kommunion ist die zwischen dem menschlichen Ich und dem *Christus-Ich.* Dies ist zusammengefasst in den Paulus-Worten »Nicht ich, sondern Christus in mir.« Diese Art der Kommunion ist charakterisiert durch das Feuer der Christusliebe, das im Menschen als eine erhöhte Geisteskraft und als ein intensiviertes Bewusstsein vom Ich und von der Welt brennt.

Wenn durch das Wirken des durchchristeten menschlichen Ich auf den Astralleib dieser geläutert und verwandelt wird, so wird dieser veredelte Astralleib fähig, mit *Christi Astralleib* in eine Kommunion zu treten. Diese *zweite* Art der Kommunion kann am Beispiel des Franziskus von Assisi gezeigt werden, der durch seinen gereinigten Astralleib in eine fortwährende Kommunion mit Christi Astralleib trat. Diese Kommunion ist charakterisiert durch Milde, Sanftmut, Reinheit und liebenswürdige Güte.

Auf dem Weg geistiger Entwicklung ist es nicht nur für den Astralleib möglich, geläutert und verwandelt zu werden, sondern auch für den Ätherleib. Dieser umgewandelte Ätherleib kann dann in Kommunion mit *Christi Ätherleib* treten. Augustinus liefert uns ein Beispiel dieser *dritten* Art von Kommunion; denn von einem bestimmten Punkt in seinem Leben an gelangte er zu einer mehr oder weniger ständigen Kommunion mit Christi Ätherleib. Diese Stufe der Kommunion ist durch eine wunderbar harmonische und fließende Qualität des Lebens, durch innere Stärke und Kreativität charakterisiert.

Bei einer weiteren Stufe geistiger Entwicklung macht der physische Leib selbst eine Verwandlung durch, und hier eröffnet sich die Möglichkeit für den Menschen, in eine Kommunion mit *Christi verwandeltem physischen Leib* (Auferstehungsleib) zu treten. Diese *vierte* Stufe der Kommunion erfuhren die Jünger zeitweilig während der vierzig Tage zwischen der Auferstehung und der Himmelfahrt, was sie bis in die Tiefe ihres Seins erfüllte und ihnen neue geistige Kräfte verlieh.

Ebenso wie wir die vierte Art der Kommunion in den vierzig Tagen nach der Auferstehung finden, so können wir auch die anderen drei im Leben Christi offenbart finden. So war es in der Zeit vom Tod am Kreuz bis zur Auferstehung das Ich Christi – allein, getrennt vom physischen Leib, Ätherleib und Astralleib –, das in die Unterwelt hinabstieg und dann wieder aufstieg. In Christi Abstieg zur Hölle finden wir das Urbild der ersten Art von Kommunion. Etwas von dieser Suche findet man in der Gralslegende von Parzival, die auch die Entwicklung jenes Mutes beschreibt (vonseiten der Gralsritter), den Mut, der notwendig ist, um in die Hölle abzusteigen, dem Bösen zu begegnen, mit ihm konfrontiert zu werden und es zu besiegen. So finden wir die erste Art der Kommunion als Zentralmotiv der Gralslegende des Parzival. Parzival kann als ein Repräsentant des Jupitermenschen betrachtet werden, der das Pauluswort »Nicht ich, sondern Christus in mir« verwirklicht hat und der den Mut besitzt, in die Hölle hinabzusteigen, den Kampf gegen das Böse um der Menschheit willen aufzunehmen. Der Jupitermensch ist der Mensch der Zukunft (Jupiter ist die nächste Entwicklungsstufe nach der Erde). Der Planet Jupiter mit seinem zwölfjährigen Rhythmus ist von besonderer Bedeutung für diejenigen, die sich bewusst bemühen, den Weg zu gehen, um Jupitermenschen zu werden; er ist ebenso von Bedeutung für die erste Art von Kommunion, der Kommunion des menschlichen Ich mit dem Christus-Ich.

Wenn wir noch einmal betrachten, wie sich die vier Arten von Kommunion im Leben Christi zeigen, so haben wir das Urbild der ersten Art von Kommunion im Abstieg zur Hölle gefunden, das Urbild der vierten Art von Kommunion in den vierzig Tagen, die zur Himmelfahrt führten. Wo aber können wir die Urbilder der anderen beiden Arten von Kommunion, der Kommunion mit Christi Ätherleib und mit seinem Astralleib finden?

Bevor wir versuchen, diese Frage zu beantworten, wollen wir uns grundsätzlich überlegen, was »Kommunion« im Sinne des Grals-Mysteriums bedeutet. Rudolf Steiner drückt es mit folgenden Worten aus:

»So ist spirituelle Erkenntnis eine wirkliche Kommunion, der Beginn eines der Menschheit der Gegenwart gemäßen kosmischen Kultus, der dann wachsen kann dadurch, dass der Mensch nun gewahr wird, wie er seinen physisch-mineralischen und seinen vegetabilischen Organismus mit seinem astralischen und Ich-Organismus durchzieht ...« [28a]

Es handelt sich hier um eine »geistige Kommunion« – Rudolf Steiner spricht über »die geistige Kommunion der Menschheit« – die keineswegs die Bedeutung der substantiellen Kommunion vermindert. Die geistige Kommunion des Grals-Mysteriums bezieht sich auf die Möglichkeit des Menschen, jeweils eines seiner vier Wesensglieder in Beziehung zu Christi Ich, Astralleib, Ätherleib und Auferstehungsleib (dem umgewandelten physischen Leib) zu setzen. Die folgende Tabelle fasst das Wesentlichste der vier Arten der Kommunion im Sinne des Grals-Mysteriums zusammen, wobei ich mir völlig bewusst bin, dass jedes Schema eine Vereinfachung bedeutet. Ich möchte darum ausdrücklich betonen, dass die eigentlichen Zusammenhänge viel komplizierter sind:

Wesensglieder des Menschen	*Wesensglieder des Christus*	*offenbart sich in der Zeit*	*Rhythmus*
Ich	Ich	bei der Höllenfahrt	12 Jahre (Jupiter)
Astralleib	Astralleib (Manas)	im »Nachtleben«[28b]	29½ Jahre (Saturn)
Ätherleib	Ätherleib (Buddhi)	im »Tagesleben«[28b]	33⅓ Jahre (Christi Leben)
Physischer Leib	Auferstehungsleib (Atma)	während 40 Tagen nach der Auferstehung	72 Jahre (Präzession des Frühlingspunktes)

Im Augenblick des Todes, wenn der Mensch sich von seinem physischen Leibe trennt und ihn als Leichnam auf der Erde zurücklässt, wohnt er in seinem Ätherleib. Im Ätherleib sind alle Erfahrungen, die er in seinen Lebenstagen gemacht hat, eingeschrieben. Hier ist das Wort »Tage« zutreffend, weil die Erfahrungen während des Schlafes nicht im Ätherleib eingeschrieben sind; sie sind vielmehr im Astralleib eingeschrieben, in dem der Mensch während des Schlafes lebt, wenn der physische Leib und der Ätherleib im Schlafzustand zurückgelassen werden. So erfährt der Mensch im Todesaugenblick, wenn er im Ätherleib lebt, ein Panorama von Bildern der Erfahrungen, die er im Laufe seines Lebens zwischen Geburt und Tod machte, denn diese Bilder sind im Ätherleib eingeschrieben. Viele Menschen, die »gestorben« sind (oder an der Schwelle des Todes waren) und die dann ins Leben zurückkehrten, haben eine solche Erfahrung beschrieben.

Für unsere Betrachtungen ist es wichtig zu bemerken, dass, während der physische Leib dem räumlichen Bereich angehört, d. h. im dreidimensionalen Raum existiert, der Ätherleib dem Bereich der Zeit angehört, d. h. er ist ein *Zeitleib*, in dem die menschliche Biographie aufgezeichnet ist. Im Augenblick des Todes wird die gesamte Biographie, von der Geburt bis zum Tod, klar und deutlich erfahren. Der Todesaugenblick ist wirklich eine »Geburt«, eine Geburt in einen höheren Bereich hinein. Der Augenblick der Auferstehung am Ostermorgen war auch ein Geburtsaugenblick, die Geburt des Auferstandenen. Die Biographie des Auferstandenen erstreckte sich von der Geburt in Bethlehem bis zum Augenblick der Auferstehung. So enthielt der Ätherleib Christi alle Erfahrungen von der Geburt in Bethlehem bis zur Auferstehung, einen Zeitraum von 33⅓ Jahren umfassend. Während sich aber der Ätherleib eines Menschen normalerweise in den Kosmos hinein auflöst, löste sich bei Christus sein Ätherleib nicht im Kosmos auf, sondern blieb erhalten. Mehr noch: Er blieb wirksam und ist immer noch wirksam. Sein Wirken entfaltet er alle 33⅓ Jahre. Deshalb hat der 33⅓-Jahresrhythmus seit dem Mysterium von Golgatha in der kosmischen Ordnung eine Rolle gespielt, so wie es die Planeten immer getan haben, z. B. der 12-Jahresrhythmus des Jupiter und der 29½-Jahresrhythmus des Saturn. Im Gegensatz aber zu den planetarischen Rhythmen, die kosmisch-*räumlich* bestimmt sind (d. h. durch ihre Bewegung vor dem Hintergrund der Tierkreissternbilder, so dass der Rhythmus eines Planeten bestimmt wird nach dem Zeitraum zwischen seiner Konjunktion mit einem bestimmten Fixstern und seiner Rückkehr zu der Konjunktion mit demselben Fixstern), ist der 33⅓-Jahresrhythmus ein rein *zeitlicher* Rhythmus, der durch die Dauer des Lebens Jesu Christi bestimmt ist.

Seit dem Beginn des Neuen Zeitalters aber, also seit Anfang des 20. Jahrhunderts, hat der 33⅓-Jahresrhythmus begonnen, eine bedeutendere Rolle als bisher zu spielen. Das hat mit der Wiederkunft Christi zu tun. Denn während die erste Ankunft ein Ereignis in der physischen Welt war, ereignet sich die Wiederkunft im ätherischen Bereich, d. h. im Bereich der Lebenskräfte. Wirksam ist hier also vor allem der Ätherleib des Christus.

Christi Ätherleib breitete sich nach dem Mysterium von Golgatha im Jahr 33 n. Chr. langsam in kosmische Bereiche aus und erreichte seine größte Ausbreitung im Jahr 966 n. Chr. Dieses Jahr bezeichnete einen Wendepunkt. Denn damals begann ein langsamer Rückweg von Christi Ätherleib zurück zur Erde (s. Abb. auf S. 15). Mit dem Ende des sechsundfünfzigsten 33⅓-Jahreszyklus am 10. September 1899, dem

Ende des Kali Yuga, begann der Wiedereintritt von Christi Ätherleib in die Äther-Aura der Erde. Er erreichte 33⅓ Jahre später, am 8. Januar 1933, einen gewissen Abschluss. Hier wurde das Neue Zeitalter – Satya Yuga (das »Lichte Zeitalter«) – geboren, wobei 1899 als »Morgenröte« und 1933 als »Sonnenaufgang« des Neuen Zeitalters bezeichnet werden kann.

Genau in diesem Zeitraum entfaltete Rudolf Steiner seine Lehrtätigkeit, von 1900 bis 1925. Rudolf Steiner beschrieb die Anthroposophie (Geisteswissenschaft) als Wegbereiterin für die Wiederkunft, deren baldiges Erscheinen er ab 1910 wiederholt ankündigte. So sehen wir, dass Rudolf Steiner als eine Art »Johannes der Täufer« wirkte, der die bevorstehende Wiederkunft verkündete, wie Johannes der Täufer neunzehnhundert Jahre vorher den Weg für das erste Kommen des Christus vorbereitet hatte.

Bei der ersten Ankunft dauerte das Leben Jesu Christi 33⅓ Jahre, von denen die letzten 3½ Jahre, nämlich die öffentliche Wirksamkeit von der Taufe bis zum Mysterium von Golgatha, die wichtigsten waren. Demgegenüber ist die Wiederkunft ein Ereignis, das vor allem die ätherische Welt betrifft und das entsprechend dem 33⅓-Jahresrhythmus 2500 Jahre dauern wird, d. h. fünfundsiebzig 33⅓-Jahreszyklen, vom 10. September 1899 bis zum 20. Mai 4399. Während dieser 2500 Jahre ist der 33⅓-Jahreszyklus von Christi Ätherleib der bedeutendste Rhythmus. Durch ein Verständnis dieses Rhythmus ist die Möglichkeit gegeben, sich auf diesen Ätherleib einzustimmen. Die erneute Gegenwart dieses Ätherleibes in der Äther-Aura der Erde hat das Neue Zeitalter geboren und so die Möglichkeit einer neuen Kommunion (oben als »dritte Art der Kommunion« beschrieben) mit Christus eröffnet.

Der Höllenabstieg als Urbild der Kommunion mit dem Christus-Ich

Welche Beziehung hat nun der vorher erwähnte 12-Jahresrhythmus des Jupiter zu dem 33⅓-Jahresrhythmus im Hinblick auf die Wiederkunft?

Um dies zu verstehen, müssen wir zwischen den verschiedenen Gliedern des Christus-Wesens unterscheiden: Ich, Astralleib, Ätherleib und physischer Leib (Auferstehungsleib). Der zentrale Rhythmus des Neuen Zeitalters ist der 33⅓-Jahresrhythmus von Christi Leben, und die Gegenwart seines Ätherleibes in der Äther-Aura der Erde hat das Neue Zeitalter heraufgebracht. Wenn wir aber nur den 33⅓-Jahresrhythmus in Betracht ziehen würden, so würde dies bedeuten, dass wir nur auf die erneute Gegenwart von Christi Ätherleib schauen würden, ohne die anderen Glieder des Christus-Wesens zu berücksichtigen. Wenn wir auch dem Ätherleib Christi zentrale Bedeutung für die Wiederkunft zuerkennen, da dieses Ereignis im Bereich des Ätherischen stattfindet, so sollten wir doch nicht die Tatsache aus dem Blick verlieren, dass auch die anderen Wesensglieder des Christus miteinander verbunden und aktiv an dem Ereignis der Wiederkunft beteiligt sind. Der 12-Jahresrhythmus des Jupiter muss vor allem in Beziehung zum *Ich* des Christus gesehen werden.

Wie oben dargestellt, ist der 12-Jahresrhythmus in Bezug auf die erste Art der Kommunion von Bedeutung, d. h. der Kommunion mit dem *Ich* des Christus. Das Urbild, das ihr zugrunde liegt, ist der Abstieg zur Hölle, der von dem Ich des Christus nach dem Tod am Kreuz unternommen wurde. Und ebenso wie es beim ersten Kommen des Christus einen Abstieg und einen Wiederaufstieg des Ich des Christus gab, so gibt es bei der Wiederkunft wieder einen Abstieg und einen Wiederaufstieg, der sich allerdings über einen beträchtlichen Zeitraum hin erstreckt.

Zu Beginn dieses Kapitels wurde der Abstieg Christi aus der Sonnensphäre durch die Hierarchien auf die Erde in Verbindung mit dem 12-Jahres-Rhythmus des Jupiter datiert: von der Geburt Rudolf Steiners 1861 bis zum Himmelfahrtstag 1932. Dies gibt uns einen Einblick in die kosmische Phase des Abstiegs des Christus-Ich bei seiner Wiederkunft. Aber diese kosmische Phase war nur das Vorspiel für die nächste Stufe seines Abstiegs, den man auch wieder in Verbindung mit dem 12-Jahres-Rhythmus des Jupiter verfolgen kann.

Mit dem heliozentrischen Eintritt Jupiters in den siderischen *Löwen* um den Himmelfahrtstag des Jahres 1932 herum begann der Weg des Christus-Ich durch die Erdensphäre, die Sphäre der Menschheit. Es erhob sich Widerstand gegen seine Wiederkunft. Diese Gegnerschaft hatte ihr Zentrum in der Gestalt des »Führers«, der versuchte, das Dritte Reich, ein Königreich des Bösen, zu errichten, das zu dem Himmelreich in Gegensatz stand. Der sich daraus ergebende Kampf hatte den Zweiten Weltkrieg (1939–1945) zur Folge. Ostern 1945 hatten die Alliierten den Krieg in Europa endgültig gewonnen. Ein entscheidender Schritt im Krieg mit Japan war die Hiroshima-Bombe am 6. August 1945. Um diese Zeit hatte ein neuer Jupiter-Zyklus und Christi Abstieg in die Unterwelt, in das unteriridische Reich, begonnen. Um aber diese neue Phase von Christi Abstieg zu verstehen, ist es hilfreich, auf das Urbild dieses Ereignisses beim Mysterium von Golgatha zu blicken.

Am Karfreitag, dem 3. April 33 n. Chr., kurz nachdem das Kreuz zum Kalvarienberg getragen worden war – gegen Mittag erreichte Jesus den Gipfel von Golgatha – wurde Jesus seiner Kleider entblößt und ans Kreuz geschlagen. Um 12.30 Uhr, als gerade die Trompeten vom Tempel erschollen, um das Schlachten der Passahlämmer anzuzeigen, wurde das Kreuz aufgerichtet, und die Kreuzigung begann. Zu diesem Zeitpunkt ging im Osten Jerusalems das siderische Zeichen des Löwen über dem Horizont auf (1° Löwe). Es begann das Töten des Christus, des Löwen von Juda. Die Kreuzigung dauerte an, während das Tierkreiszeichen des Löwen weiter über dem Horizont aufstieg. Als sich der Tod am Kreuz ereignete, ging gerade das siderische Zeichen der Jungfrau auf. Zum Zeitpunkt des Todes, um 3 Uhr nachmittags, stand der Aszendent bei 2½° Jungfrau. Dann geschah ein gewaltiges Erdbeben, das die Erde am Fuß des Kreuzes spaltete, und der strahlende Geist des Christus, das Christus-Ich, stieg vom Kreuz in das Erdinnere hinab. Hier begann die Erfüllung des von Christus prophezeiten *Zeichens des Jona*: »Denn so wie Jona drei Tage und drei Nächte im Bauch des Fisches war, so wird der Menschensohn drei Tage und drei Nächte im Herzen der Erde sein« (Mt 12,40). Die Formulierung »drei Tage und drei Nächte« ist nicht wörtlich zu nehmen; denn der Abstieg und der Wiederaufstieg dauerte nur dreißig Stunden. Wir können uns aber vorstellen, dass von dreißig Stunden in der Unterwelt (»Hölle«) allegorisch auch als von »drei Tagen und drei Nächten im Herzen der Erde« gesprochen werden kann.

Für unsere Betrachtungen ist es von Bedeutung, dass Christi Abstieg in die Hölle mit dem Aufgang des Zeichens Jungfrau begann. Denn die tiefere Bedeutung von Christi Abstieg in das Herz der Erde war die Wiedervereinigung mit der »Mutter« vor seinem Aufstieg zum Vater. Und da das Zeichen der Jungfrau dem Schoß des weiblichen Organismus entspricht, ist es passend, in der Sprache kosmischer Symbolik, dass der Abstieg Christi in den Schoß der Mutter Erde begann, als das Zeichen der Jungfrau gerade im Aufgang begriffen war.

Das Wissen um die tiefere Bedeutung von Christi Abstieg in die Hölle als eines Abstiegs in die Unterwelt, um sich wieder mit der Mutter zu vereinigen, gehört zu den Gralsgeheimnissen. Es ist für die Wiederkunft Christi zentral. So wie beim Mysterium von Golgatha der Abstieg mit dem Aufgang der siderischen Jungfrau begann, so begann bei der Wiederkunft der Abstieg in die Unterwelt mit Jupiters heliozentrischem Eintritt in die siderische Jungfrau, während der Osternacht (Samstag/Sonntag) am 31. März/1. April 1945. Und wie das Erdbeben am Fuße des Kreuzes das äußere Zeichen von Christi Abstieg zur Hölle beim Mysterium von Golgatha war, so war das Öffnen des Erdinneren durch die Hiroshimabombe am 6. August 1945 ein äußeres Zeichen von Christi Abstieg bei seiner Wiederkunft – wenn es diesmal auch ein von Menschen gemachtes Zeichen war, das wie ein Gegenbild von einer bösen Zerstörungsmacht aus der Unterwelt inspiriert war. Am 6. August 1945 hatte Jupiter heliozentrisch schon 9½° Jungfrau erreicht; geozentrisch stand Jupiter allerdings bei 2½° Jungfrau, was zusammenfällt mit dem Tierkreisgrad, der zur Zeit von Christi Tod am Kreuz im Aufgang begriffen war. Das geistige Ereignis des Beginns von Christi Abstieg in die Unterwelt (Ostern 1945) wurde auf dem physischen Plan durch die Explosion der Atombombe in Hiroshima angekündigt. Mit dieser Explosion begann das Atomzeitalter, das von seinem geistigen Aspekt her das Zeitalter der Auseinandersetzung mit den Kräften der Unterwelt ist.

Der Abstieg in das Reich der Mutter

Um zu einem tieferen Verständnis unserer Zeit zu gelangen, ist es hilfreich, etwas näher auf die Stufen des Abstiegs des Christus-Ich in die Unterwelt zu schauen, beginnend mit dem Jahr 1945. Hier ist wieder der 12-Jahres-Rhythmus des Jupiter von Bedeutung. Während aber die Stufen des kosmischen Abstiegs (1861–1932) durch die Reiche der Hierarchien mit dem heliozentrischen Eintritt Jupiters in den siderischen *Löwen* zusammenhängen, sind die Stufen des Abstiegs in die Hölle mit dem heliozentrischen Eintritt Jupiters in die siderische *Jungfrau* verbunden, beginnend im Jahr 1945. Dazwischen, während des Zeitraumes von Himmelfahrt 1932 bis Ostern 1945, lag eine Zeit der Gegenwart des Christus-Ich in der Erdensphäre der Menschheit, eine

Zeit des Leidens Christi, vergleichbar seiner Passion am Karfreitag 33 n. Chr. Tatsächlich war der Zweite Weltkrieg (1939–1945) eine Art *zweiter Kreuzigung* Christi innerhalb der Äther-Aura der Erde.

Um Christi Abstieg in die »Unterwelt« verstehen zu können, müssen wir etwas von ihrer Struktur wissen. Nach Rudolf Steiner können neun unterirdische Sphären unterschieden werden, die in das Herz der Erde führen.[29] Diese neun unterirdischen Sphären kann man sich vorstellen als Spiegelung der neun kosmischen Sphären der neun geistigen Hierarchien. Und so wie jede Sphäre der geistigen Hierarchien eine besondere Art von Güte enthält (die Liebe der Seraphim, die Harmonie der Cherubim usw.), so ist jede unterirdische Sphäre eine Quelle einer besonderen Art von Bösem. Das Böse einer jeden unterirdischen Sphäre ist das Gegenteil der Güte, die zu einer entsprechenden kosmischen Sphäre gehört. Zum Beispiel ist der Liebe der Seraphim, die zu der höchsten kosmischen Sphäre gehören, der Hass gegen Christus gegenübergestellt, der aus der untersten unterirdischen Sphäre stammt, der neunten Sphäre. Der Harmonie der Cherubim ist der auf Trennung abzielende Einfluss der achten unterirdischen Sphäre entgegengestellt, die die Quelle allen Streites und aller Disharmonie ist.

Die irdische Sphäre der Menschheit, in der der Mensch gewöhnlich seine wache Existenz zwischen Geburt und Tod verbringt, liegt zwischen den neun kosmischen Sphären der geistigen Hierarchien oben, die sich bis zum Reich des Vaters erstrecken, und den neun unterirdischen Sphären der Mächte des Bösen unten, die im Innern der Erde liegen. Jeder Mensch, der sich auf der Erde inkarniert, ist der Wechselwirkung unterworfen, die aus dem Himmel über ihm und aus den Reichen unter ihm wirkt. Im Allgemeinen kann man sagen, dass das von unten Wirkende von unterbewusster Art ist; und die Kräfte des Bösen, die aus den neun unterirdischen Sphären auf das Unterbewusste des Menschen einwirken, müssen überwunden werden. Ein erster Schritt dazu ist, sich dieser bösen Kräfte bewusst zu werden. Allerdings ist nicht alles, was von unten heraufwirkt, böse; denn auch das, was zum Reich der Mutter gehört, wirkt von unten her auf den Menschen.

Wie können wir das Reich der Mutter verstehen?

Als Ausgangspunkt nehmen wir die Worte Rudolf Steiners, die er in der Vollmond-Nacht des 5./6. April 1909 für die Grundsteinlegung des Rosenkreuzertempels in Malsch bei Karlsruhe wählte:

So wollen auch wir den Grundstein dieses Tempels in den Schoß unserer Mutter Erde hineinsenken, angesichts der Strahlen des Vollmondes, die uns bescheinen, inmitten der grünen Pflanzenwelt, die den Bau umsprosst. Und wie der Mond reflektiert das helle Sonnenlicht, so wollen wir widerspiegeln das Licht der geistig-göttlichen Wesen. Wir wollen uns vertrauensvoll hinwenden an unsere große Mutter Erde, die uns liebend trägt und schützt … Unsere Mission ist es, sie wieder zu vergeistigen, zu erlösen, indem wir sie durch die Kraft unserer Hände umarbeiten zu einem geisterfüllten Kunstwerk. Möge dieser Stein zugleich ein erster Grundstein zur Erlösung und Umwandelung unseres Erdenplaneten sein und möge die Kraft dieses Steines sich vertausendfältigen.[30]

Bedeutsam ist, dass gerade die Vollmondnacht gewählt wurde, um den Grundstein zu legen, denn der Mond wurde auch voll am Abend des Karfreitags 33 n. Chr., als Christus seinen Abstieg in den Schoß der Erde, hinunter zur Mutter, begann. Rudolf Steiner beschreibt auch die hellsichtig erschaute Farbe, die aus den Tiefen, aus dem Reich der Mutter, aufsteigt:

Es ballt sich zum Bilde zusammen dasjenige, was unten silbererglänzende Bläue ist, was die Erdentiefen, verbunden mit den menschlichen Untüchtigkeiten und Fehlern darstellt; es konsolidiert sich in dem Bilde der Erdenmutter (blau) – ob Sie es nun Demeter nennen, ob Sie es Maria nennen: dem Bilde der Erdenmutter. So dass, wenn man den Blick nach unten richtet, man eigentlich nicht anders kann, als in Imagination alle diese Geheimnisse der Tiefen zusammenzufassen als dasjenige, was die Stoffmutter alles Daseins ist, während man in dem, was sich oben konzentriert, in der fließenden Gestalt, alles das empfindet, was der Geistvater alles Daseins um uns herum ist. Und nun schaut man das Ergebnis des Zusammenwirkens des Geistvaters mit der Stoffmutter; dasjenige, was im schönsten Maße den Zusammenklang in sich trägt von Silber-Erdenwirkung und Goldes-Himmelswirkung: zwischen dem Vater und der Mutter den Sohn.[31]

Seit der Zeit der alten Griechen, nach dem Erscheinen des Christentums, verschwand das Wissen um die Mutter und um das »Geheimnis der Tiefe« immer mehr aus dem menschlichen Bewusstsein. Der Demeter-Kultus, der in den Eleusinischen Mysterien gefeiert wurde, wurde von Kaiser Theodosius am Ende des vierten Jahrhunderts n. Chr. unterdrückt. Jetzt aber, im 20. Jahrhundert, ist durch die Wiederkunft Christi ein neuer Zugang zu der Erdenmutter und ihren Mysterien eröffnet. Es würde zu weit führen, hier in Einzelheiten zu gehen, aber kurz zusammengefasst gibt es ein dreifaches mit der Mutter verbundenes Mysterium:

- das Mysterium des *Namens* der Mutter (bei den Griechen als Demeter bekannt);
- das Mysterium ihres *Reiches* (im Orient als Schamballa bekannt);
- das Mysterium ihres *Willens* (ewige Treue zum Vater, trotz des Rückzuges der Mutter in die Dunkelheit der Unterwelt seit dem Sündenfall).

Hinsichtlich des verlorenen Reiches der Mutter ist es interessant, die Worte Rudolf Steiners zur Gräfin Johanna von Keyserlingk am Ende des »Landwirtschaftlichen Kurses« (Pfingsten 1924) zu betrachten, bei dem er durch eine auf das Geistige gegründete Landwirtschaft (biologisch-dynamische Landwirtschaft) den Grundstein für eine neue und bewusste Beziehung zu Demeter legte:

> Rudolf Steiner hatte die Güte, noch zu mir herauf in mein Zimmer zu kommen, wo er über das Reich im Inneren der Erde zu mir sprach: Wir wissen, dass in dem Augenblick, als Christi Blut auf Golgatha auf die Erde tropfte, im Innern der Erde ein neuer Sonnenglobus geboren wurde. Mein Suchen hatte schon immer dem Erforschen der Erdentiefe gegolten, denn ich hatte aufleuchten sehen einen Erdkern aus Gold – den Ptolemäus als die »Ursonne« bezeichnete. Diesen goldenen Grund konnte ich nur immer wieder in Verbindung bringen mit jenem Lande, von dem Rudolf Steiner berichtet hat, dass es dem Menschenblick entzogen sei und dass der Christus die Tore öffne, um die Menschen, die es suchen, hinzuführen – hinzuführen in das »versunkene Märchenland Chamballa«, von dem die Inder träumen … Ich: »Und ist das Erdinnere aus jenem Golde, das aus dem Hohlraum

> der Sonne stammt und dorthin wieder zurückgehört...?« Rudolf Steiner: »Ja, das Innere der Erde ist aus Gold.« Doch ich fragte noch weiter, zu meiner Sicherheit: »Herr Doktor, wenn ich hier auf der Erde stehe ... so liegt unter mir, tief im Innern der Erde, das goldene Land – und wenn ich nun Sündenfreiheit erlange und in der Tiefe stehen bleibe, so können mir doch die Dämonen nichts mehr anhaben, und ich kann durch sie hindurchgehen – nach dem goldenen Lande hin?« Rudolf Steiner: »Wenn man mit dem Christus durch sie hindurchgeht, so können einem die Dämonen nichts anhaben – aber sonst können sie einen schon vernichten!« Er fügte bedeutsam hinzu: »Sie können uns aber zu Helfern werden – ja, das ist so. – Der Weg ist richtig, aber er ist sehr schwer!«[32]

Hier sehen wir, dass der Weg zur Mutter mit Schwierigkeiten behaftet ist, die den neun Sphären des Bösen angehören, die zwischen der Menschheit und dem Reich der Mutter liegen, dass dieser Weg aber zusammen mit Christus möglich ist. Wie früher erwähnt, wurde dieser Weg für die Menschheit seit 1945 eröffnet.[33] Vorher war er nur den höchsten Eingeweihten zugänglich. Gleichzeitig aber wurde, mit dem Öffnen der Tore der Hölle, die Menschheit zunehmend dem dämonischen Einfluss der unterirdischen Sphären ausgesetzt.

Die neun unterirdischen Sphären und die neun Seligpreisungen

Vor diesem Hintergund können bestimmte Entwicklungen im 20. Jahrhundert betrachtet werden. Doch bevor wir diesen Schritt tun, ist es hilfreich, dass wir uns bewusst machen, dass die neun Seligpreisungen, die Christus bei der Bergpredigt sprach, die christlichen Impulse enthalten, um den dämonischen Einflüssen jeder der neun unterirdischen Sphären entgegenzuwirken. Zum Beispiel lautet die sechste Seligpreisung: »Selig sind, die reinen Herzens sind, denn sie werden Gott schauen«. Diese »Reinheit des Herzens« widersteht dem dämonischen Einfluss der sechsten unterirdischen Sphäre, die die Quelle böser Leidenschaften ist, die, wenn sie den Menschen ergreifen, ihn die geistige Welt vergessen machen und ihm nur seine niederen Impulse zum Bewusstsein bringen, die ihn zu äußerster Verderbtheit führen. Deshalb haben die neun Seligpreisungen eine Schlüsselbedeutung für den Weg, auf dem wir Christus bei seinem Abstieg in die Hölle begleiten.

Weiter sollten wir daran denken, dass, weil der Mensch ein Mikrokosmos ist, der den Makrokosmos spiegelt, die neun unterirdischen Sphären auch *in* jedem Menschen sind und dass der Abstieg in die Hölle gleichzeitig ein Abstieg in das eigene Wesen eines jeden von uns ist. Tatsächlich bezieht sich jede der neun Seligpreisungen auf ein spezielles Wesensglied des Menschen, und entsprechend sind die neun unterirdischen Sphären die Quelle der Gegenimpulse, die sich auf die neun Wesensglieder des Menschen richten.

In Ergänzung der Tabelle zu Beginn dieses Kapitels können wir zum Weg Christi durch die Sphären der geistigen Hierarchien, der im Durchgang durch die Sphäre der Erzengel (1908-1920) und durch die Sphäre der Engel (1920-1932) kulminierte, den Weg durch das Reich der Menschheit zwischen Himmelfahrt 1932 und Ostern 1945 hinzufügen. Dann folgt Christi Abstieg in die Unterwelt. Auch die jeweilige Beziehung der neun unterirdischen Sphären zu den neun Wesensgliedern des Menschen, gegen die sich ihre Gegenimpulse richten, wird im Folgenden dargestellt:

Christi Abstieg durch die unterirdischen Sphären:	*Quelle der Gegenimpulse zum:*	*Daten:*
1. Mineral-Erde	physischer Leib	20. Mai 1933 – 01.April 1945
2. Flüssige Erde	Ätherleib	01. April 1945 – 10.Febr.1957
3. Luft-Erde	Astralleib	10. Febr. 1957 – 21.Dez.1968
4. Form-Erde	Empfindungsseele	21.Dez.1968 – 01.Nov.1980
5. Frucht-Erde	Verstandesseele	01.Nov.1980 – 11.Sept.1992
6. Feuer-Erde	Bewusstseinsseele	11.Sept.1992 – 23. Juli 2004
7. Erdenspiegel	Geistselbst (Manas)	23.Juli 2004 – 03. Juni 2016
8. Erdzersplitterer	Lebensgeist (Buddhi)	03.Juni 2016 – 14.Apr.2028
9. Erdkern	Geistesmensch (Atman)	14.Apr.2028 – 24.Febr.2040

Die angegebenen Daten sind jeweils die von Jupiters heliozentrischem Eintritt in die siderische *Jungfrau*, wobei diese astronomisch errechneten Daten etwas von den wirklichen Daten von Christi Abstieg abweichen können. Auf diesem Abstiegsweg findet in jeder Sphäre eine Konfrontation mit einer besonderen Art des Bösen statt. Wir können diesen Kampf anfänglich durch eine Analogie zu der Konfrontation, die bei den Menschen auf der Erde zwischen 1933 und 1945 stattfand, verstehen. Die Kräfte des Bösen, die aus der unterirdischen Sphäre wirken, fanden ein Werkzeug im Menschenreich, den »Führer«, der wie ein Brennpunkt ihres Widerstandes gegen die Wiederkunft arbeitete. Durch dieses Werkzeug wurde ein Großangriff gestartet, der die Gegenkraft zu dem durch Christus gebrachten Impuls bildete. Dieser Gegenimpuls kann bis in die letzte Einzelheit verfolgt werden. Zum Beispiel ertönte anstatt »Geheiligt werde dein Name« auf der Erde der Ruf, den Namen des Führers zu heiligen: »Heil Hitler!«. Anstatt »dein Reich komme« versuchte der Führer, ein böses Reich (das »Dritte Reich«) zu errichten, das an die Stelle des Reiches Gottes treten sollte.

Ein gewaltiger Kampf folgte, der schließlich in den Zweiten Weltkrieg mündete, der, wie schon erwähnt, als eine *zweite Kreuzigung* betrachtet werden kann. Allerdings war mit dem Sieg über das Böse 1945 der Kampf noch nicht zu Ende. Wenn auch das Jahr 1945 das Ende des Konfliktes bei den Menschen auf der Erde bedeutete, wurde die Konfrontation in den unterirdischen Sphären fortgesetzt, in die Christus hinabstieg, was die *Öffnung der Tore der Hölle* bedeutete. Die Explosion der Atombombe in Hiroshima (und dann in Nagasaki) war ein von Menschen gemachtes Zeichen dieser Öffnung der Tore der Hölle, wobei die Erdoberfläche, die man mit einer Eierschale vergleichen könnte (die das Erdinnere mit den unterirdischen Sphären und mit dem Reich der Mutter umschließt) zertrümmert wurde. Durch die Hiroshimabombe erschien der erste große Riss in der »Eierschale«, durch welche die Erdoberfläche von der Unterwelt (»Hölle«) getrennt ist. Eigentlich erschien der erste Riss schon am 16. Juli 1945 mit der ersten Testexplosion einer Atombombe bei Los Alamos, Neu-Mexiko.

Genau genommen ist diese »Eierschale« selbst die erste unterirdische Sphäre, die *Mineral-Erde*. Als solche ist sie nicht wirklich eine Sphäre wie die anderen acht unterirdischen Sphären, sondern eine Schicht, die das Reich der Menschen von der Unterwelt trennt. Schon während der Zeit vor 1945, vor allem während des Zweiten Weltkriegs, übte die Mineral-Erde einen immer stärkeren Einfluss auf das menschliche Bewusstsein aus. In den Jahren 1939/1940 begann in England und den USA die Suche nach militärischer Anwendung der Kernspaltung. Dies führte unter der

Leitung von Enrico Fermi zu der ersten atomaren Kettenreaktion, die am 2. Dezember 1942 in Chicago stattfand. Diese ganze Richtung wissenschaftlicher Forschung war symptomatisch für den wachsenden Einfluss der Mineral-Erde auf die Menschen. Wie kann man den Einfluss dieses ersten unteridischen Bereichs beschreiben?

Eine Annäherung an die unterirdischen Sphären kann durch die Seligpreisungen gefunden werden, die den jeweiligen Gegenimpuls enthalten. Für die erste unterirdische Sphäre, die Mineral-Erde, ist die erste Seligpreisung von Bedeutung: »Selig sind die Bettler um Geist, denn ihrer ist das Reich der Himmel.« Der Einfluss der Mineral-Erde ist das Gegenteil davon, indem sie vom Geist wegführt und sich dem Erdenreich zuwendet, dem mineralischen, materiellen, mechanischen Bereich und seinen Gesetzen. Die Richtung wissenschaftlicher Forschung, die zur Explosion der Hiroshimabombe führte, ist dafür ein Beispiel. Sie begann mit dem Lithium-Kernzerfall, der durch den Beschuss mit künstlich erzeugten Protonen zum ersten Mal durch John Cockcroft und Ernest Walton am 13. April 1932 im Cavendish-Labor in Cambridge durchgeführt wurde. Am 12. September 1933 hatte dann Leo Szilard die Idee einer nuklearen Kettenreaktion, die schließlich 1942 in Chicago als Teil des »Manhattan-Projekts" durch die Zusammenarbeit von Leo Szilard mit Enrico Fermi und anderen realisiert wurde.

Die ganze Richtung wissenschaftlicher Forschung unter dem geistverneinenden Einfluss der Mineral-Erde war charakteristisch für die erste Jupiter-Periode des Zeitalters der Wiederkunft, nämlich derjenigen vor 1945. Das war eine Zeit, in der ein Gegenimpuls gegen den mit dem *physischen Leib* verbundenen Impuls herrschte. Der titanische Kampf, der während des Zweiten Weltkriegs stattfand, war in der Tat ein Kampf um die Herrschaft des Reiches auf der physischen Existenzebene und um die nackte Existenz zahlloser Menschen. Das bedeutete, dass in der ersten Jupiterperiode des Zeitalters der Wiederkunft an Stelle des Impulses einer Suche nach Geist, nach dem Himmelreich, ein Gegenimpuls lebte, der vom Geist wegführte hin zu dem irdischen Reich der Materie.

In der zweiten Jupiterperiode (1945–1957), die mit Christi Abstieg durch die zweite unterirdische Sphäre *(Flüssige Erde)* zusammenfällt, begann ein neuer Gegenimpuls in das Leben der Menschheit auf der Erde hineinzuspielen. Die entsprechende Seligpreisung lautet: »Selig sind die Leidtragenden, denn sie werden getröstet werden.« Der Gegenimpuls, der zu der Flüssigen Erde gehört, ist der, dass man nur noch für sich selbst sorgt, dass man Leiden vermeidet, nach dem Prinzip des »Überlebens des Stärkeren«. Im Gefolge von Verwüstung, Schmerzen und Leiden, verursacht durch den Zweiten Weltkrieg, gab es reichlich Gelegenheit für ein neues Bewusstsein, das weltweit in der Menschheit hätte erwachen können, ein Bewusstsein von Fürsorge und Teilen, von Geben und Nehmen, von Trost für die Trauernden. Aber mit dem Riss in der »Eierschale«, der Mineral-Erde, der beim Eintritt in das Atomzeitalter entstand, trat etwas ganz Neues auf und begann, im menschlichen Leben auf der Erde eine Rolle zu spielen. Es handelt sich dabei um den Gegenimpuls gegen den *Ätherleib*.

Der Ätherleib ist ein feiner Leib von Lebenskräften, die den physischen Leib durchdringen. Wenn sich der Ätherleib im Augenblick des Todes von dem physischen Leib trennt, erscheint die wahre Natur des Letzteren in der Gestalt des Leichnams. Der Ätherleib ist der Träger des Lebensprinzips, und der Gegenimpuls dazu ist *Anti-Leben*. Dies ist die Substanz der Flüssigen Erde, der zweiten unterirdischen Sphäre, und mit dem Aufreißen der Mineral-Erde durch die Atombombe wurden riesige Mengen dieser Anti-Lebenssubstanz in Form von radioaktivem Niederschlag auf der Erde freigesetzt. Die Eigenschaft von Radioaktivität ist leben-zerstörend. Sobald sie mit irgendetwas Lebendigem in Berührung gebracht wird, zerstört sie dieses Leben.

Die Entwicklung seit 1945 kann auf dem Hintergrund von Christi Durchgang durch die zweite unterirdische Sphäre gesehen werden. In jeder unterirdischen Sphäre findet eine Konfrontation mit dem Bösen statt, das in dieser Sphäre wirkt, eine Konfrontation, deren Ausgang in erster Linie davon abhängt, ob man sich der Natur des bösen Prinzips, das da am Werke ist, bewusst wird. So wurden viele Menschen nach dem Zweiten Weltkrieg dazu angeregt, die Herausforderung der Konfrontation anzunehmen. Leo Szilard z. B. startete als ein leitender Atomwissenschaftler den Kreuzzug zur Bewusstmachung der schrecklichen Folgen eines Atomkriegs. 1947 bildete er das »Notkommitee von Atomwissenschaftlern« mit Einstein als Vorsitzendem. Außerdem initiierte er auch die Bewegung für die zivile Kontrolle der Atomenergie. Später organisierte er in Washington den »Rat für eine bewohnbare Welt« (Council for a Livable World).[34]

Trotzdem unterstützten die Regierungen der Vereinigten Staaten und der Sowjetunion weiterhin diese Forschungsrichtung, die vorher zur Hiroshimabombe führte. In der Folge zündeten die Vereinigten Staaten am 1. März 1954 auf dem Eniwetok-Atoll auf den Marshall-Inseln im Pazifik eine Wasserstoffbombe, die man für sechshundertmal stärker als die Hiroshimabombe einschätzte. Durch diese Explosion erkrankten 287 Personen innerhalb eines Umkreises von 250 Kilometer vom Eniwetok-Atoll an diesem radioaktiven Niederschlag. Am stärksten war eine Gruppe von 23 japanischen Fischern betroffen, die weniger als 65 Kilometer von der Explosion entfernt waren und mit einem Aschenregen aus der Atmosphäre bedeckt wurden. Einer von ihnen starb nach wenigen Tagen. Alle anderen waren von den unheilbaren Folgen der radioaktiven Kontamination gezeichnet. Radioaktiver Niederschlag wurde auf der ganzen Erde gemessen, sogar an einem so entfernten Ort wie Heidelberg. In der Folge zündete die Sowjetunion am 22. November 1955 eine noch stärkere Wasserstoffbombe in der Atmosphäre über Sibirien. Mit diesen beiden Wasserstoffbomben-Explosionen nahm der Waffenwettlauf seinen unheilvollen Gang, und weitere große Risse wurden in der Mineral-Erde verursacht, die der Anti-Lebenssubstanz der Flüssigen Erde erlaubte, durch den radioaktiven Niederschlag in großen Mengen ihren Weg auf die Erdoberfläche zu finden.

So folgte auf den Angriff auf der Ebene des physischen Leibes, der durch den Zweiten Weltkrieg gekennzeichnet wurde, der Angriff auf den Ätherleib, bei dem radioaktiver Niederschlag (und Radioaktivität überhaupt) der Hauptträger des Anti-Lebensprinzips ist, das der zweiten unterirdischen Sphäre angehört. Aber der Angriff auf den Ätherleib machte sich auch noch in anderer Weise bemerkbar. Das Hauptkennzeichen hierfür ist die Durchdringung des Ätherleibes mit elektrischen Wirkungen durch das Zunehmen der elektrischen Haushaltgeräte und auch durch die Verbreitung des Fernsehens in den Nachkriegsjahren. Ein anderes starkes Mittel zur »Elektrifizierung« des Ätherleibes, das in dieser Zeit auftauchte, war der Rock'n'roll, der im größeren Umfang im Jahr 1956 zum Durchbruch gelangte. Damit wurde aber der Weg bereitet für einen neuen Angriff, und zwar aus der dritten unterirdischen Sphäre, der Luft-Erde.

Auf Christi Weg in die Hölle fand sein Durchgang durch die *Luft-*

Erde in den Jahren 1957–1968 statt. Das in dieser Zeitperiode wirksame Christus-Prinzip kann in der dritten Seligpreisung gefunden werden: »Selig sind die Sanftmütigen, denn sie werden das Erdreich erben«. Dies bezieht sich auf den menschlichen Astralleib, auf die Durchchristung des Astralleibes durch Sanftmut oder, in mehr aktiver Form ausgedrückt, durch Liebenswürdigkeit, Güte und Frieden. Der Gegenimpuls aus der Luft-Erde arbeitet darauf hin, den Astralleib zu paralysieren, ihn von der kosmischen Astralität abzuschneiden, wobei die erstickende Atmosphäre der dritten unteridischen Sphäre die Wirkung hat, das Fühlen auszuschalten.

So wie die Hiroshimabombe ein von Menschen gemachtes Zeichen des Risses in der Mineral-Erde war, das den Kontakt mit der Flüssigen Erde eröffnete, so gab es auch ein von Menschen gemachtes Zeichen, das einen Kontakt zur Luft-Erde eröffnete. Es war der Start des ersten Sputnik in der Sowjetunion am 4. Oktober 1957, eines künstlichen Satelliten, der die Erde oberhalb der Erdatmosphäre umkreiste. Mit diesem Schritt begann das Zeitalter der Raumfahrt. Die tiefere Bedeutung dieses Schrittes lag darin, die Menschheit nun von den kosmisch-spirituellen Existenzbereichen dadurch abzuschneiden, dass von Menschen konstruierte Satelliten, Raketen und Raumstationen zwischen den Kosmos und die Erde gebracht wurden. Diesem Vorgang auf der makrokosmischen Ebene entspricht die Wirkung der Luft-Erde auf mikrokosmischer Ebene, die darin besteht, dass der menschliche Astralleib von der kosmischen Astralität abgeschnitten wird.

Die Vereinigten Staaten folgten dem Beispiel der Sowjetunion und starteten am 1. Februar 1958 erfolgreich ihren ersten Satelliten in den Weltraum, der die Erde oberhalb der Erdatmosphäre umkreiste. Am 12. April 1961 umkreiste dann Yuri Gagarin die Erde in einem Raumschiff. Dieser Großtat setzten kurz darauf die Vereinigten Staaten etwas Ebenbürtiges entgegen, als am 20. Februar 1962 John Glenn die Erde in einer Raumkapsel umkreiste. Danach blieben die Vereinigten Staaten im Wettrennen um die Eroberung des Weltraums ihren Konkurrenten hoch überlegen, was seinen Höhepunkt am 21. Juli 1969 fand, als zwei Männer auf dem Mond landeten.

Im Rahmen der Entwicklung des Menschen kommt der Astralleib im Jugendalter stärker zur Entfaltung. Es ist eine Zeit des Erwachens der Sexualität und des Gefühlslebens, oft auch eine Zeit stürmischer Emotionen. In dem hier in Betracht kommenden Zeitraum (1957-1968) fand infolge der Konfrontation, die in der dritten unterirdischen Sphäre aufgrund von Christi Durchgang durch diesen Bereich entstand, ein Angriff des Bösen auf den Astralleib statt. Darüber hinaus gab es viele Zeichen einer Art »kultureller Adoleszenz«. Eines der Hauptzeichen war das Aufkommen und die Verbreitung der Popmusik (Rock). Wie schon erwähnt, kam diese auf breitem Feld schon 1956 zum Durchbruch, gegen Ende der vorigen Jupiterperiode. In diesem Zusammenhang wurde schon hingewiesen auf die negative Wirkung elektronischer Musik auf den Ätherleib. Zusätzlich hat sie aber auch eine schädliche Wirkung auf das menschliche Gefühlsleben und damit auf den Astralleib, ganz im Sinne des Gegenimpulses der Luft-Erde. Die phänomenale Ausbreitung der Popmusik in diesem Zeitraum deutet hin auf einen gegen den Astralleib gerichteten Angriff des Bösen aus der dritten unterirdischen Sphäre. Echte spirituelle Musik (Bach, Mozart, Beethoven usw.) hingegen, die ja eine Widerspiegelung der Sphärenharmonien ist, ist in der Lage, den Astralleib zu kosmisch-geistigen Bereichen zu erheben. Die Wirkung der Popmusik aber ist, grob gesagt, die Herstellung einer Verbindung zwischen dem Astralleib und der dritten unterirdischen Sphäre. Der Astralleib wird dadurch nach unten gezogen.

Der Astralleib wurde im vorigen kosmischen Zeitalter, in der sog. Mondperiode, gebildet und hat darum eine starke Verbindung zum Mond. Die Raumfahrtmission der Vereinigten Staaten, die als primäres Ziel die Landung von Menschen auf dem Mond hatte, entwickelte sich im Großen und Ganzen während dieser Jupiterperiode (1957–1968), wobei sie teilweise durch die unterbewusste Beziehung zum Mond motiviert wurde. Tatsächlich starteten die Vereinigten Staaten bei der Vollendung dieser Jupiterperiode am 21. Dezember 1968 die Raumsonde Apollo VIII, die den Mond zehnmal umkreiste. Dem folgte, kurz nach Beginn der nächsten Jupiterperiode, am 16. Juli 1969 Apollo XI, die Neil Armstrong und Edwin Aldrin zur Landung auf dem Mond trug. Dieses Ereignis zeigt, in einem umgekehrten Sinn, eine Art »Erwachsenwerden« der Menschheit, das der Zeit des kulturellen Heranwachsens folgte. Wir werden darauf weiter unten zurückkommen, nachdem wir einige weitere Aspekte der Jupiterperiode von 1957-1968 betrachtet haben.

Die Mondenkräfte kommen beim Menschen am unmittelbarsten in der Sexualität zum Ausdruck, deren Erwachen in der Regel während der

Adoleszenz stattfindet. Während der Zeit des kulturellen Heranwachsens von 1957–1968 kam dieses Erwachen in Gestalt der »sexuellen Revolution« zum Ausdruck. Gleichzeitig wurde mit der Einführung und dem weit verbreiteten Gebrauch der empfängnisverhütenden Pille ein weiterer Schritt getan, um die Menschheit von ihrem göttlichen Ursprung abzuschneiden. Dies lässt sich leicht aus der Tatsache verstehen, dass die Empfängnis die Tür ist und immer gewesen ist, durch die inkarnierende Seelen auf ihrem Weg in einen physischen Leib auf der Erde eintreten; darum wirkt die vorsätzliche und systematische Verhütung der Empfängnis wie ein Schließen dieser Tür zum Reich der Seelen.

Gleichzeitig wurde ein Angriff gestartet, um durch Bücher, Filme und Zeitschriften jeden Aspekt von Sexualität zu korrumpieren und zu pervertieren und ihren heiligen und sakramentalen Charakter zu entweihen. In diesen Zusammenhang passen sehr gut die Worte, die Hermes an Asklepius richtete (der griechische Text wurde vor dem Ende des dritten Jahrhunderts n. Chr. geschrieben):

> Die Verbindung zweier Geschlechter oder, besser ausgedrückt, ihre Vereinigung übersteigt unser Begreifen. Man kann sie richtig als Eros bezeichnen, oder als Venus (Aphrodite), oder als beides zugleich. Es ist eine Wahrheit, wahrer und deutlicher als alle anderen Wahrheiten, dass durch Gott, den Herrn aller Zeugungskraft, dieses Mysterium ewiger Fortpflanzung, mit all der Neigung, all der Freude und Heiterkeit, all dem Sehnen und der himmlischen Liebe, die in ihm wohnen, aller Kreatur vermacht und geschenkt wurde. Und es wäre nötig, von der zwingenden Kraft zu erzählen, mit der dieses Mysterium Mann und Frau zusammenbindet, wenn nicht jeder von uns es aus seiner eigenen Anschauung und aus seinem innersten Erleben kennen könnte. Denn wenn man diesen höchsten Augenblick wahrnimmt, da wir durch ständiges wechselseitiges Geben und Nehmen schließlich dazu kommen, dass jeder von beiden Geschlechtern sich in den anderen fügt, wobei der eine gibt, der andere es eifrig aufnimmt und in sich aufbewahrt, so wird man finden, dass in dem Augenblick, durch die Vermischung der beiden Naturen, die Frau männliche Kraft erhält, und der Mann sich in weiblicher Sehnsucht entspannt. Und darum muss der Vollzug dieses Mysteri-

> ums, so angenehm und notwendig wie er ist, im Geheimen stattfinden; andernfalls, wenn er öffentlich stattfände, würde die Göttlichkeit, die sich in beiderlei Geschlecht durch die Vermischung von Mann und Frau offenbart, zur Schamröte geführt werden, umso mehr, wenn der Akt den Augen pietätloser Menschen ausgesetzt würde.[35]

Deshalb wird durch die Entblößung in den Medien der göttliche Aspekt der Sexualität ausgelöscht. Aber darüber hinaus hat das Aufkommen und die Verbreitung der Pornographie nicht nur dazu gedient, die Sexualität zu erniedrigen, sondern sie auch zu pervertieren und zu korrumpieren. Auch dies ist verbunden mit dem Gegenimpuls gegen den Astralleib aus der dritten unterirdischen Sphäre, der Luft-Erde.

Ein anderer Aspekt dieses Gegenimpulses zeigte sich während dieses Zeitraumes noch in der Drogen-Epidemie, dem weit verbreiteten Gebrauch vor allem halluzinierender Drogen wie Marihuana, Haschisch, Meskalin und LSD, die sich während dieser Jupiterperiode ausbreiteten. Vor allem dieser Gegenimpuls korrumpierte den wahren Impuls, den Impuls der dritten Seligpreisung: »Selig sind die Sanftmütigen, denn sie werden das Erdreich erben«, der in dieser Zeit zum Durchbruch zu kommen versuchte. Der Impuls der Liebe, des Friedens und der Brüderlichkeit (»*flower-power*«), der zu jener Zeit auftrat, war eine echte Inspiration des Christus-Impulses zur Verwandlung des Astralleibes. Aber durch solche Drogen-Propheten wie Timothy Leary, dessen Experimente mit LSD aus den späten 50er-Jahren stammen, wurde ein Gegenimpuls gegen den Astralleib gerichtet. Denn die Aktivität des Christus-Impulses, den Astralleib zu verwandeln, führt zur Entwicklung des *bewussten* Hellsehens *(Imagination)*, was eine Metamorphose des Traumbewusstseins des Astralleibes ist. Auf der anderen Seite dient der Gebrauch halluzinatorischer Drogen dazu, ein künstlich herbeigeführtes atavistisches Hellsehen zu bewirken, in dem das Traumbewusstsein des Astralleibes aktiviert wird *ohne* die bewusste Teilnahme des menschlichen Ich, was zu Halluzinationen anstatt zu Imaginationen führt. Deshalb kann man die halluzinatorischen Drogen in direkter Verbindung mit dem auf den Astralleib gerichteten Gegenimpuls der dritten unterirdischen Sphäre sehen.

Von den Phänomenen, die in Verbindung mit der Konfrontation zwischen dem Christus-Impuls und dem Gegenimpuls der Luft-Erde in der Zeit von 1957 bis 1968 gesehen werden können, sollen noch zwei kurz erwähnt werden:

1. Der Kampf gegen die Rassendiskriminierung seit den Tagen von Little Rock, Arkansas, im September 1957 bis zum 4. April 1968, als Martin Luther King erschossen wurde, dessen Märtyrertum viel dazu beitrug, Rassengleichstellung herzustellen. Genau eine Woche später, am 11. April 1968, wurde unter Lyndon B. Johnson das Bürgerrechtsgesetz erlassen, das (vom rechtlichen Standpunkt aus gesehen) im Wesentlichen die Rassendiskriminierung in den Vereinigten Staaten beendete.

2. Die Studentenrebellion, die im Mai 1968 ihren Höhepunkt in Europa, vor allem in Frankreich, erreichte, in Massendemonstrationen und schweren Zusammenstößen mit der Polizei, die mit der Schließung der Universität Sorbonne endeten.

Danach fand, wie schon erwähnt, eine Art »Erwachsenwerden« auf der kulturellen Ebene statt. Die Studentenrebellion, die ihren Höhepunkt 1968 erreichte, war die letzte Phase einer Zeit kulturellen Heranwachsens, die im Dezember 1968 endete.

Das von Menschen geschaffene Zeichen der neuen Phase, die 1969 begann, war, wie berichtet, die Landung von Menschen auf dem Mond. Diese außergewöhnliche Leistung symbolisiert die Geburt des Menschen als eines *Bürgers des Kosmos*, wenn das auch eine Karikatur dessen ist, was in einem spirituellen Sinne mit diesen Worten gemeint ist. Hier war wiederum ein Gegenimpuls am Werk. Denn des Menschen wahre Bestimmung ist es, ein Bürger des Kosmos in einem spirituellen Sinne zu werden, durch ein Erwachen des Bewusstseins die kosmische Dimension der Existenz mit einzubeziehen. Die physische Landung auf dem Mond wirkte diesem Erwachen entgegen, indem sie das menschliche Bewusstsein nur auf die physisch-materielle Seite des Kosmos richtete.

Nach der Landung auf dem Mond begann das Weltraumprogramm der Vereinigten Staaten mit der Erkundung des Sonnensystems, indem Raketen zum Mars und Jupiter geschickt wurden. Mariner IX umkreiste den Mars am 13. November 1971, und Pioneer X bewegte sich am 4. Dezember 1973 nahe am Jupiter vorbei. Das Raumprogramm dient der Intensivierung einer physisch-materiellen Vorstellung des Kosmos und führt zu einem vollkommen falschen Eindruck von der Beziehung des Menschen zur kosmisch-spirituellen Welt. Dies kann man in Verbindung zum Gegenimpuls der vierten unterirdischen Sphäre sehen, der *Form-Erde*.

In dieser Sphäre werden Formen umgekehrt und karikiert. Das Raumprogramm hat dazu beigetragen, eine Art »Negativbild« des Sonnensystems zu bilden. Dieses Negativbild ist ohne jede Spiritualität und schließt den Menschen, außer als Raumfahrer, völlig aus. So ist der Mensch als Raumfahrer, in seinen Raumfahrtanzug eingezwängt, ein Negativbild des geistigen Menschen, der mit dem ganzen Kosmos verbunden ist. Der Beginn des Zeitalters der Raumfahrt, das mit der Mondlandung 1969 begann, kann in direktem Zusammenhang mit dem Gegenimpuls der vierten unterirdischen Sphäre gesehen werden.

Hinsichtlich der Öffnung der Tore der Hölle durch Christi Abstieg durch die unterirdischen Sphären ist die Zeit von 1969 – 1980 die Zeit der Konfrontation mit dem Bösen der vierten unterirdischen Sphäre, die gegen die Empfindungsseele des Menschen gerichtet ist. Der wahre Impuls dieser Periode, der mit der vierten Stufe der Entfaltung des neuen Christus-Impulses im Zeitalter der Wiederkunft zusammenhängt, ist durch die vierte Seligpreisung ausgedrückt: »Selig sind, die hungern und dürsten nach der Gerechtigkeit; denn sie sollen gesättigt werden«. Etwas von diesem Impuls inspirierte diejenigen, die für den Frieden demonstrierten, vor allem für Frieden in Vietnam, die hungerten und dürsteten für eine gerechte Lösung der ungerechten Situation dort. Am 13./14. November 1969 versammelten sich ungefähr 250 000 Demonstranten für den Frieden in Washington zu der größten Demonstration dieser Art, die dort jemals stattgefunden hat.

Der Einfluss der vierten unterirdischen Sphäre besteht darin, alles ins Negative zu verkehren. Der »Hunger und Durst nach Gerechtigkeit« in seiner negativen Form kann Terrorismus hervorbringen. Auf diesem Hintergrund kann die Eskalation der Gewalt in Nordirland gesehen werden, die mit der Welle der Unruhen begann, die im August 1969 dort ausbrachen und zu der Entsendung von britischen Truppen nach Ulster führten. Die Beziehung zwischen den Katholiken und Protestanten in Nordirland spielt sich auf der Ebene der Empfindungsseele ab, unterhalb der Ebene der Verstandesseele, und scheint sich so über den rationalen Intellekt hinwegzusetzen. Der Einfluss des Gegenimpulses besteht darin, den Menschen unempfindsam zu machen gegenüber den gerechten Ansprüchen seines Mitmenschen, so dass er geradezu vernarrt ist in seine eigenen Ansprüche auf Gerechtigkeit und alles andere ihm falsch und unrecht erscheint. Gerade das aber entfacht die Flammen des Terrorismus.

Nicht nur in Nordirland, sondern auch anderswo erhob der Terrorismus in diesem Zeitraum sein hässliches Haupt. Im Februar 1970 starteten die Araber und Palästinenser – wieder Völker, die hauptsächlich auf der Ebene der Empfindungsseele leben – mehrere terroristische Anschläge. Dann, am 5. September 1972, töteten arabische Terroristen bei den Olympischen Spielen in München zwei israelische Sportler und nahmen neun Geiseln, die alle beim Versuch der Polizei, sie zu befreien, getötet wurden. Ebenfalls im Jahr 1972, im Mai, führten die Terroristen der Baader-Meinhof-Gruppe auch in Deutschland Anschläge aus, vor der Gefangennahme von Andreas Baader am 2. Juni 1972. Mord, Geiselnahme und Bomben verbreiteten sich als eine Konsequenz der terroristischen Aktivität immer weiter. Eines der schlimmsten Beispiele war, gegen Ende dieser Jupiter-Periode, der Bombenanschlag am 2. August 1980 auf den Bahnhof in Bologna durch eine rechtsgerichtete Terroristengruppe, bei dem 83 Menschen starben.

Auf der positiven Seite kann das Anwachsen der Bewegung für Menschenrechte während der 70er-Jahre erwähnt werden, wobei Amnesty International das bekannteste Beispiel ist. So wurde im Januar 1977 in Prag die »Charta 77« verkündet, die von mehr als 250 prominenten Persönlichkeiten unterzeichnet wurde, die damit nach Freiheit riefen. Zwölf Jahre später wurde einer der Unterzeichner, der Schriftsteller Vaclav Havel, Präsident der Tschechoslowakei, nachdem er wegen seines Rufes nach Demokratie verfolgt und ins Gefängnis gesteckt worden war. Hier sehen wir den Triumph des Hungers und Durstes nach Gerechtigkeit! Ein anderes Beispiel eines positiven Zeichens des Christus-Impulses in dieser Zeit wurde in dem Werk von Mutter Theresa deutlich, die sich um die Kranken und Bedürftigen in Kalkutta kümmerte. Am 10. Dezember 1979 erhielt Mutter Theresa in Anerkennung ihrer Arbeit den Friedensnobelpreis.

Insgesamt trat aber in der Zeit von 1969 – 1980 der Gegenimpuls hervor. Es war die Breschnjew-Ära, in der der Kalte Krieg immer heftiger wurde. Breschnjews verkehrter Sinn für Gerechtigkeit hat ihn so charakterisiert: »Wenn die dem Sozialismus feindlichen Mächte versuchen, die Entwicklung eines sozialistischen Landes auf irgendeine Art und Weise umzukehren … so wird dies eine Angelegenheit aller sozialistischen Länder sein«. Diese Breschnjew-Doktrin bedeutete de facto den Anspruch der Sowjetunion auf das Recht, »einem Bruderland militärischer Hilfe« zu leisten (d. h. das Recht auf Invasion), wann auch immer es sich um eine »Bedrohung des allgemeinen Interesses des Sozialismus« handelte (d. h. eine Bedrohung der Sowjetmacht). Liest man zwischen den Zeilen, so kann man den ins Gegenteil verkehrenden Einfluss der Form-Erde klar erkennen, der ein Negativ-Bild der wahren Gerechtigkeit hervorbringt, die im Falle der Sowjetunion bedeuten würde: Für jedes Volk Selbstbestimmung der Zukunft seines eigenen Landes.

In den Vereinigten Staaten kam in der Watergate-Affäre ein negatives Bild der Gerechtigkeit auf, bei der von fünf Mitgliedern des »Kommitees zur Wiederwahl des Präsidenten« (der Präsident war Richard Nixon) versucht wurde, im Hauptquartier der Demokratischen Partei in Washington Wanzen anzubringen. Wegen seiner Haltung zur Watergate-Affäre und angesichts einer beharrlichen Suche nach der Wahrheit vonseiten einiger Ermittlungsbeamter wurde Nixon tatsächlich gezwungen, als Präsident abzudanken.

Im kulturellen Bereich gab es, neben dem Anwachsen der Gewalt und des Terrorismus, auf breiter Ebene eine positivere Entwicklung durch ein wachsendes Interesse an Esoterik und Spiritualität. Die New Age-Bewegung gewann schnell an Boden. Eine Schlüsselrolle spielte in dieser Entwicklung die Veröffentlichung von David Spanglers Buch »Revelation: The Birth of a New Age« durch die Findhorn-Bewegung im Jahre 1971. David Spangler, einer der großen Propheten der New Age-Bewegung, ist im Wesentlichen christlich orientiert, während die meisten New Age-Impulse sich am Orient orientieren: z. B. an Yoga, Tai Chi, Atemübungen, Meditationspraktiken, wobei vieles unmittelbar an die Empfindungsseele gerichtet ist und darum nur wenig intellektuelle Anstrengung oder tieferes Bewusstsein erfordert.

Ein beunruhigendes Phänomen dieses Zeitraums ist das massive Anwachsen der Drogensucht, besonders der Heroinsucht. Wie vorher erwähnt, sind die halluzinatorischen Drogen, die sich seit den 60er-Jahren großer und weit verbreiteter Beliebtheit erfreuten, auf den Astralleib gerichtet und auf das traumähnliche Bilder-Bewusstsein, das damit verbunden ist. Heroin, das ins Blut gespritzt wird, den Träger des Ich, greift auf der seelischen Ebene unmittelbar die Empfindungsseele an. Es überwältigt das menschliche Fühlen und wirkt im Sinne der vierten unterirdischen Sphäre, indem es den Menschen praktisch unempfindlich macht gegenüber allem, was außerhalb des unmittelbaren Wohlbefindens liegt.

Am 1. November 1980 begann eine neue Jupiterperiode, die bis 1992 dauerte. Genau drei Tage später, am 4. November 1980, wurde Ronald Reagan Präsident der Vereinigten Staaten. Die Reagan-Ära begann. Zur selben Zeit begann eine neue Phase im Abstieg des Christus in die Unterwelt. Jetzt bezog sich die Konfrontation mit dem Bösen auf die fünfte unterirdische Sphäre, auf die *Frucht-Erde*. Ein Zeichen für diese neue Stufe der Konfrontation mit dem Bösen war das Auftauchen des Aids-Virus, welches das Immunsystem des Menschen angreift und zerstört. Eine starke, sich im Bereich des Sexuallebens äußernde, zur Ausuferung neigende Energie hat diese Krankheit vor allem in den ersten Jahren ihres Auftretens begünstigt. Ausufernde Energie ist das Charakteristikum des Wesens der Fruchterde.

Die Droge, die zu dieser Eigenschaft der Frucht-Erde, der fünften unterirdischen Sphäre, gehört, ist Kokain. Und wie die fünfte unterirdische Sphäre den Gegenimpuls zu der Verstandesseele bildet, so ist auch Kokain gegen die Verstandesseele gerichtet, wie Heroin gegen die Empfindungsseele gerichtet ist. Beide, Heroin und Kokain, wirken im Blut, dem Träger des Ich, das sie angreifen. Während aber Heroin die Gefühlsnatur (die Empfindungsseele) überwältigt, so Kokain die intellektuelle Natur der Verstandesseele. In der Konfrontation mit dem Gegenimpuls der Verstandesseele, die 1980 begann, überrascht es nicht, dass die Sucht nach Kokain epidemische Ausmaße angenommen hat. Durch Kokain, das in der Lage ist, eine Beziehung zu der ausufernden Energie der Frucht-Erde anzuregen, stellt der Kokainsüchtige eine innere Verbindung mit dieser fünften unterirdischen Sphäre her, so wie Heroinsüchtige mit der vierten unterirdischen Sphäre und die von halluzinatorischen Drogen Abhängigen mit der dritten unterirdischen Sphäre. In diesem Licht gesehen, sind Drogen Werkzeuge dämonischer Wesen aus der Unterwelt, die dadurch Zugang zur menschlichen Seele oder zum Astralleib erhalten. Der Kampf gegen Drogen ist in Wirklichkeit ein Kampf gegen dämonische Mächte und Wesen, die vom Menschen Besitz ergreifen und ihn innerlich hinunterziehen in die Richtung der unterirdischen Sphären.

Der erlösende Impuls gegenüber diesen dämonischen Mächten ist der Christus-Impuls. Die fünfte Seligpreisung zeigt die Natur des Christus-Impulses auf: »Selig sind die Barmherzigen; denn sie werden Barmherzigkeit erlangen.« Es geht hier um Mitleid und Vergebung, nicht um intellektuelles Urteilen. Als Ronald Reagan die Sowjetunion als ein »Reich des Bösen« brandmarkte, sprach er ein Urteil über das gesamte Volk aus. Unglücklicherweise konnte dieses übereilte Urteil die Basis für seine Rüstungspolitik bilden, was zu einer massiven Aufrüstung mit Nuklearwaffen führte und zu der Bindung an SDI, einem unvorstellbar teuren Verteidigungsprojekt, auch »Krieg der Sterne« genannt, um die Vereinigten Staaten gegen das »Reich des Bösen« zu verteidigen. All dies ist weit entfernt von der barmherzigen Haltung, die in der fünften Seligpreisung gefordert wird. Mittlerweile wurde das SDI-Projekt aufgegeben. Wenn SDI realisiert worden wäre, hätte dies einen weiteren Schritt bedeutet auf dem Wege, die Erde und die Menschheit vom geistigen Kosmos abzuschneiden.

Als am 11. März 1985 Michael Gorbatschow Parteichef der Sowjetunion wurde, hätte er allen Grund gehabt, Reagans feindliche Haltung zu erwidern, wodurch der Kalte Krieg weiter eskaliert wäre. Aber Gorbatschow war offenbar mit der Eigenschaft der Barmherzigkeit der fünften Seligpreisung begabt. Er richtete nicht, sondern kam mit einer offenen Haltung, um Ronald Reagan zu treffen. Später traf er in ähnlicher Weise ganz offen gesinnt mit George Bush zusammen. Und, was sehr erstaunlich für den Führer eines offiziell atheistischen Staates ist, er traf im November des Jahres 1989 Papst Johannes Paul II. Am Tag vor diesem Treffen äußerte Gorbatschow: »*Wir brauchen eine Revolution der Gesinnung*«. Hieraus wird deutlich, dass ein Impuls auf der geistigen Ebene (Verstandesseele) Gorbatschows Reformen charakterisiert, deren Schlüsselworte waren: glasnost (»Öffnung«) und perestroika (»Umstrukturierung«).

Der spektakuläre Erfolg von Gorbatschows Reformimpuls war die Eröffnung der Möglichkeit von Demokratie in den verschiedenen osteuropäischen Ländern, die seit 1945 bloße Satelliten der Sowjetunion waren. Wenn wir uns ins Gedächtnis rufen, dass Demokratie im alten Griechenland im Zeitalter der Entwicklung der Verstandesseele geboren wurde, so kann man leicht erkennen, auf welcher Ebene Gorbatschows Reformimpuls wirkte, und man kann sehen, zumindest was die positive Seite betrifft, dass sein Reformimpuls in Verbindung mit dem Christus-Impuls stand. Der tiefere Hintergrund hierfür ist die Vorbereitung des Bodens für die Entfaltung einer neuen Kultur in Osteuropa, einer Kultur, in der der Christus-Impuls auf einer neuen Ebene im zukünftigen Wassermann-Zeitalter heraufkommen kann.

Der Gegenimpuls zum Impuls der fünften Seligpreisung ist Grausamkeit und Mangel an Barmherzigkeit, was seinen Ursprung in der fünften unterirdischen Sphäre hat. Dieser Impuls bekam die Oberhand bei den Machthabern in China, als der Befehl gegeben wurde, der zu dem Massaker an Hunderten von friedlich demonstrierenden Studenten auf dem Tiananmen-Platz in den frühen Morgenstunden des 4. Juni 1989 führte.[36] Wiederum sieben Jahre vorher war es auch Grausamkeit gewesen, die zu dem Massaker an über tausend palästinensischen Flüchtlingen am 18. September 1982 führte, als christliche Milizen in das Flüchtlingslager in Beirut eindrangen, während die israelischen Besatzungstruppen dabeistanden und zuschauten. Vor allem Frauen, Kinder und alte Menschen starben in dem Kugelhagel. Wir können auch an die Attentate auf Ronald Reagan am 30. März 1981 und auf Papst Johannes Paul II. am 13. Mai 1981 denken, die symptomatisch sind für eben denselben Gegenimpuls. Und auch die Gewalttätigkeiten, zu denen Kokainsüchtige fähig sind, gehören in diesen Zusammenhang.

Dieser Gegenimpuls lebt sich selbst aus in den tausenden von Morden und Gewaltakten, die jedes Jahr weltweit verübt werden, eines der größten Probleme vor allem in den größeren Städten bestimmter Länder. Aber dieser Gegenimpuls äußert sich auch in einer subtileren Art, ohne dass er direkt ausgelebt werden muss. Wir brauchen nur an die Gewalt zu denken, die in Filmen und auf dem Fernsehschirm gezeigt wird. Noch gefährlicher aber sind die pornographischen und gewaltverherrlichenden Videos (»video nasties«), die grausame und sadistische Akte von Gewalt und Brutalität zeigen und auf diese Weise mithelfen, eine Verbindung zwischen dem menschlichen Bewusstsein und der fünften unterirdischen Sphäre zu schaffen, so wie Popmusik dabei hilft, eine Verbindung zu der dritten unteridischen Sphäre zu erreichen.

Ein anderes modernes Phänomen, das in manchen Fällen dazu neigt, eine Verbindung des menschlichen Bewusstseins mit dem Gegenimpuls zu schaffen, der gegen die Verstandesseele gerichtet ist, ist der Computer. Gerade in den letzten Jahren haben die Heimcomputer eine außerordentliche Verbreitung gefunden. Während der nützliche Aspekt der Computer nicht geleugnet werden soll, wenn sie richtig angewandt werden, führt eine übermäßige Beschäftigung mit ihnen zu einer einseitigen Überbetonung des Intellektes, speziell in Richtung einer mechanischen Denkweise. Gerade dieses mechanische Element im Intellekt bildet dann die Verbindung zu den unterirdischen Sphären, vor allem zur fünften, die der Träger des Gegenimpulses gegen die Verstandesseele ist. Denn die wahre Natur der Verstandesseele ist *organisches Denken*, was wir sehen, wenn wir auf die griechisch-römische Epoche zurückblicken, auf die Zeit der geschichtlichen Entwicklung der Verstandesseele, vor allem auf die griechischen Philosophen. Dieses organische Denken ist im Nachdenken über die Beziehung zwischen Gott, Menschheit und Natur zuhause. Es kann geschult werden durch Kontemplation des lebendigen, organischen Bereichs der Natur. Aber bei einer übermäßigen Beschäftigung mit Computern wird das Denken durch die Maschine und ihre starre, anorganische Logik geschult. Das Denken wird dann mechanisiert. Aus dieser einfachen Überlegung heraus ist ersichtlich, dass die Mechanisierung des Denkens, die eine ureigene Gefahr gerade für diejenigen ist, die gezwungen sind, über längere Zeit mit Computern im täglichen Leben umzugehen, verhindert werden kann durch zielstrebige Pflege des lebendigen (organischen) Denkens.

Hier muss die Aufmerksamkeit auf die wichtige Rolle gelenkt werden, die Computer im Rüstungswettlauf spielen. In der Tat wäre ein solches Projekt wie SDI undenkbar gewesen ohne die Anwendung von Computern. Wie oben bereits festgestellt, baut der Rüstungswettlauf auf das der fünften Seligpreisung »Selig sind die Barmherzigen …« entgegengesetzte Prinzip auf. Und das SDI-Projekt zeigte einen absoluten Mangel an Barmherzigkeit. Es wäre die letzte Stufe in den von Menschen geschaffenen Zeichen der neu gegründeten Allianz der Menschheit mit der Unter-Natur gewesen. Die Stufen innerhalb dieser Entwicklung, vom 12-jährigen Jupiter-Rhythmus aus gesehen, sind: Die Hiroshimabombe (1945), der Sputnik (1957), die Mondlandung (1969), und SDI, das öffentlich erstmals 1983 angekündigt wurde, das aber ein oder zwei Jahre früher konzipiert worden sein mag. Abgesehen vom Sputnikprojekt (erst 1958 starteten die Vereinigten Staaten ihre eigene Version, den »Explorer«- Satelliten) war und ist jede Initiative von den Vereinigten Staaten ausgegangen. Deshalb sind auch in den Vereinigten Staaten von Amerika eindeutig die stärksten Verbindungen zwischen der Menschheit und der Unter-Natur gegeben. Das bezieht sich nicht nur auf die technologische Seite der Allianz der Menschheit mit den unterirdischen Sphären, sondern auch auf die kulturelle Seite.

Der Impuls, der in den Seelen des amerikanischen Volkes lebt, kann mit dem Begriff »Höllenabstieg« charakterisiert werden. Das bedeutet aber Konfrontation mit dem Bösen der unterirdischen Sphären. Nur zusammen mit Christus kann dieser Abstieg gefahrlos durchgeführt werden. Es ist dies der Weg zur Mutter, Demeter, den es in einer etwas anderen Form in der Antike gab – z. B. in den Mysterien von Eleusis. Diesen Weg nehmen heißt wach werden für Mutter Erde als einem lebendigen Wesen. Das weltweite Erwachen für Umweltprobleme – die ganze »grüne Bewegung« – zeigt das Heraufkommen eines neuen Bewusstseins für Mutter Erde. 1983 wurden die »Grünen« als Partei in den Deutschen Bundestag gewählt, nicht zuletzt aufgrund eines Parteiprogrammes zum Schutz der Umwelt, für Abrüstung und Abbau der Atomenergie. Auch in den Vereinigten Staaten gibt es Anzeichen dafür, dass Politiker anfangen, Umweltfragen ernst zu nehmen. Welch ein Schritt würde es sein, wenn man, anstatt Milliarden von Dollar für militärische Zwecke auszugeben, dieses Geld in Hilfsmaßnahmen für Umweltprobleme stecken würde! Das aber hängt ab von dem Wachwerden der Barmherzigkeit, von der Shakespeare schrieb:

> Barmherzigkeit weiß von keinem Zwang,
> Sie träufelt, wie des Himmels milder Regen,
> Zur Erde unter ihr; zwiefach gesegnet:
> Sie segnet den, der gibt, und den, der nimmt.
> Am mächtigsten in Mächtigen, ziert sie
> Den Fürsten auf dem Thron mehr als die Krone.
> Das Zepter zeigt die weltliche Gewalt,
> Das Attribut der Würde und der Majestät,
> Worin die Furcht und Scheu der Könige sitzt;
> Doch Barmherzigkeit ist über dieser Zeptermacht,

> Sie thront im Herzen der Monarchen,
> Sie ist ein Attribut der Gottheit selbst,
> Und irdische Macht kommt göttlicher am nächsten,
> Wenn Barmherzigkeit bei Gerechtigkeit steht.[37]

So wie die Eigenschaft der Barmherzigkeit zentral war für die Entfaltung des Christus-Impulses in der vorhergehenden Jupiter-Periode (1980-1992), so ist in der *gegenwärtigen Periode* (1992-2004) die Eigenschaft der Reinheit zentral: »Selig sind, die reinen Herzens sind; denn sie werden Gott schauen«. Die sechste Seligpreisung gehört zu der neuen Stufe der Entfaltung des Christus-Impulses, in Auseinandersetzung mit dem Bösen der sechsten unterirdischen Sphäre, der *Feuer-Erde*. Hier ist der Gegenimpuls zur Bewusstseinsseele aktiv. Anstelle des Erwachens des Bewusstseins zum Geist (Bewusstseinsseele) ist die Feuer-Erde eine Sphäre der Leidenschaft, die die menschlichen Leidenschaften entflammt, um den Menschen seine niedere Natur bewusst und die höhere vergessen zu machen. Wer dem Einfluss der sechsten Sphäre unterliegt, empfängt seine Impulse von unten, die aus üblen Leidenschaften bestehen, und kann schließlich zutiefst verdorben werden. Dies ist der Gegenimpuls zur Reinheit. Betrachten wir Rudolf Steiners Worte, die die Verbindung zwischen den menschlichen Leidenschaften und der Feuer-Erde betreffen:

> Nun kann der Fall eintreten, dass die substantielle Leidenschaft der Feuer-Erde rebellisch wird. Durch die Leidenschaften der Menschen angeregt, dringt sie durch die Frucht-Erde hindurch, zwängt sich dann durch die Kanäle in die oberen Schichten und fließt sogar in die feste Erde hinein, erschüttert diese und bewirkt ein Erdbeben. Stößt diese Leidenschaft der Feuerschicht innere Erdensubstanz aus, dann entsteht ein Vulkan … Noch immer stehen die menschlichen Leidenschaften mit der Leidenschaftsschicht der inneren Erde im Zusammenhang; immer noch bewirkt eine Ansammlung böser Leidenschaften und Kräfte Erdbeben und Vulkanausbrüche.[38]

Mit der neuen Wirkensebene des Christus-Impulses in der Konfrontation mit dem Bösen in der gegenwärtigen Jupiter-Periode (1992–2004) ist die Möglichkeit eröffnet, eine neue und bewusste Beziehung zum Christus-Impuls und zu Christi Höllenabstieg zu bekommen. Mit dem Öffnen der Tore der Hölle innerhalb des Abstiegs Christi entfaltet sich auf jeder Stufe eine neue Ebene des Christus-Impulses. Zugleich muss einem neuen, bösen Gegenimpuls begegnet werden. Es könnte die Frage gestellt werden: Was ist der Sinn von all dem? Warum müssen wir mit dem Bösen der unterirdischen Sphären konfrontiert werden?

Die Antwort ist ganz einfach: Die Menschen werden durch die Konfrontation mit dem Bösen und durch die Überwindung dieses Bösen in die Lage versetzt, auf dem Weg ihrer geistigen Entwicklung vorwärts zu kommen, nicht nur die Einzelnen, sondern auch die Menschheit insgesamt und die ganze Erde. Die Kräfte des Bösen in den unterirdischen Sphären sind da, ob wir es wollen oder nicht, und sie wirken ständig auf den Menschen auf einer unterbewussten Ebene. Die Aufgabe besteht darin, diese Kräfte ins Bewusstsein zu heben, zu erkennen, wozu sie da sind, und sie durch den Christus-Impuls zu überwinden. Der Christus-Impuls der Reinheit (»rein im Herzen«) will allen helfen, die sich im Kampf mit den erwachenden tierischen und niederen Leidenschaften ihm öffnen. In der Überwindung schreitet die menschliche Entwicklung einen Schritt vorwärts. Mit Rudolf Steiners Worten:

> Aus dem Obigen können wir entnehmen, dass der Mensch einen Bezug hat zu all diesen Schichten, denn sie strahlen fortwährend ihre Kraft aus. Die Menschen stehen unter dem Einfluss dieser Schichten und müssen fortwährend die Kräfte derselben überwinden. Wenn einmal die Menschen auf der Erde selbst Leben ausstrahlen werden, wenn sie Lebenförderndes ausatmen werden, dann überwinden sie die Feuer-Erde. Wenn sie den Schmerz geistig überwinden durch Gelassenheit, dann überwinden sie die Luft-Erde, und so weiter. Wenn die Eintracht siegt, wird der Zersplitterer besiegt. Wenn die weiße Magie siegt, gibt es kein Böses mehr in der Welt. So bedeutet also die Evolution des Menschen eine Umgestaltung des Erdinnern.[39]

Von diesem Gesichtspunkt aus gesehen bietet die gegenwärtige Geschichtsperiode seit dem Beginn der Wiederkunft eine nie da gewesene Möglichkeit für die menschliche Entwicklung, eben durch die Konfrontation mit dem Bösen der unterirdischen Sphären, eine von Christus geführte Konfrontation, mit Christus an unserer Seite. Gleichzeitig ist es eine Zeit voll schrecklicher Gefahren; denn nie zuvor in der Geschichte der Menschheit waren die Pforten der Hölle so weit geöffnet. Die positiven Möglichkeiten erscheinen gering und zerbrechlich im Vergleich zu dem Angriff des Bösen, das sich durch die Öffnung der Pforten der Hölle aus dem Untergrund erhebt.

Wir haben bereits einige positive Offenbarungen des Wirkens des Christus-Impulses im 20. Jahrhundert erwähnt: den ungarischen Volksaufstand für Freiheit (1956); das Heraufkommen eines »Sozialismus mit menschlichem Antlitz« in der Tschechoslowakei (1968); den Beginn der Solidaritätsbewegung in Polen, die nach Liberalisierung verlangte (1979/80). Es wurde darauf hingewiesen, dass diese Ereignisse im Zusammenhang mit dem heliozentrischen Durchgang Jupiters durch den siderischen *Löwen* stattfanden. Aus der Perspektive der Entfaltung des Jupiter-Rhythmus, auf dem Hintergrund von Christi Abstieg durch die unterirdischen Sphären, markiert der Weg durch den siderischen Löwen die *letzte* Phase des Abstiegs durch eine bestimmte unterirdische Sphäre. Das heißt, wenn Jupiter durch den siderischen Löwen geht, hat Christus von einem gewissen Gesichtspunkt aus in der Konfrontation mit dem Bösen in der betreffenden Sphären triumphiert. Der letzte heliozentrische Durchgang Jupiters durch den siderischen Löwen dauerte vom 25. August 1991 bis zum 11. September 1992. Das war die Zeit des »Triumphes« des Christus-Impulses in der Konfrontation mit dem Bösen der fünften unterirdischen Sphäre. Es war die Zeit des Zusammenbruches der Sowjetunion und der Neugestaltung der früheren kommunistischen Länder Osteuropas.

Die ätherische Auferstehung

Ohne hinsichtlich des weiteren Verlaufs von Christi Höllenabstieg zu sehr in die entsprechenden Einzelheiten zu gehen, ist es am Schluss dieses Kapitels angebracht, eine kurze Zusammenfassung zu geben. Wie früher angedeutet, wird der tiefste Punkt auf diesem Weg des Abstiegs im Jahre 2040 erreicht sein, mit dem heliozentrischen Durchgang Jupiters durch den siderischen Löwen vom 31. Januar 2039 bis zum 24. Februar 2040. Dann wird Christi Wiederaufstieg durch die unterirdischen Sphären beginnen, der ebenfalls in Verbindung mit dem 12-jährigen Jupiter-Rhythmus verfolgt werden kann. Der Abstieg durch die »Eierschale« der Mineral-Erde begann gegen Ende der ersten Jupiter-Periode des Zeitalters der Wiederkunft und wurde gegen Ostern 1945 vollendet. Die Rückkehr durch diese »Eierschale« wird sich um die Zeit des Jupiter-Durchgangs durch den siderischen Löwen im Jahre 2134 ereignen. Dieses Datum fällt eng zusammen mit dem Beginn der neuen 33⅓-Jahresperiode am 2. Januar 2133.

Der 33⅓-Jahresrhythmus ist ja der Rhythmus von Christi Ätherleib und zugleich der der Wiederkunft zugrunde liegende Schlüsselrhythmus. So wird um 2133/2134 eine Wiedervereinigung von Christi Ich mit seinem Ätherleib stattfinden, ein Ereignis von ähnlicher Wichtigkeit wie die Auferstehung am Ostersonntagmorgen 33 n. Chr. Dann wird ein Zeitraum beginnen, den ich im Anhang II (»The Second Coming«) der »Hermetic Astrology I« als die Kernperiode des Zeitalters der Wiederkunft beschrieben habe. Dort datierte ich diese Kernperiode von 2133 bis 4233, also drei 700-Jahresperioden umfassend. Diese Kernperiode entspricht dem Zeitraum von 40 Tagen im Jahre 33 n. Chr., der der Auferstehung folgte und in der Himmelfahrt kulminierte.

So ist die zweihundertjährige Periode von 1933–2133, die zu der Kernperiode führt, während der Christi Höllenabstieg und sein Wiederaufstieg stattfinden, eine Vorbereitung für ein neues Auferstehungsereignis um das Jahr 2133/2134, diesmal auf der ätherischen Ebene. Diese *ätherische Auferstehung* wird eine ähnlich tiefe Bedeutung für den folgenden Zeitraum von 2133 an haben, wie sie die Auferstehung im Jahre 33 n. Chr. für den Zeitraum bis heute gehabt hat. Durch die Vereinigung mit diesem Auferstehungsimpuls wird die Möglichkeit gegeben, das Böse endgültig zu überwinden und das Innere der Erde zu verwandeln.

Folglich ist die gegenwärtige Zeitperiode eine Zeit, in der durch Christus, der mit dem Menschen zusammenwirkt, die Möglichkeit der stufenweisen Verwandlung des Inneren der Erde eröffnet ist. Diese Verwandlung hat die Konfrontation mit dem Bösen der unterirdischen Sphären zur Folge, das nach und nach auf die Menschheit losgelassen wird. Gewinnt einmal eine bestimmte Art des Bösen Eingang in die Zivilisation, durch eine negative technologische Entwicklung oder einen kulturellen Impuls, so wirkt es weiter, bis es überwunden ist – ein deutliches Beispiel ist die Drogensucht (als Beispiel eines negativen Kulturimpulses). So ist die Menschheit aufgerufen, moralisch und geistig zu erwachen, um mit diesen Problemen fertig zu werden. Je klarer diese Herausforderung als ein Kampf mit dem Bösen erkannt wird, in dem Christus aufgerufen werden muss, um Erlösung von dem Bösen zu erlangen, umso besser wird es sein. Diesem Ruf liegen die Worte des Paulus zugrunde: »Nicht ich, sondern Christus in mir«, die auf die Kommunion zwischen dem menschlichen Ich und dem Ich des Christus hinweisen. Der archetypische Hintergrund hierfür ist der Höllenabstieg.

Es war hier nicht möglich, auf die anderen Arten der Kommunion mit Christus einzugehen. Unsere Aufmerksamkeit war vor allem auf die Kommunion mit dem Christus-Ich in Beziehung zu dem zwölfjährigen Jupiter-Rhythmus gerichtet. Im folgenden Kapitel werden Aspekte der Kommunion mit dem Astralleib Christi in Verbindung mit dem 29½-jährigen Saturn-Rhythmus dargestellt. Und in dem jährlich erscheinenden »Christian Star Calendar« werden Hinweise gegeben, wie man die Kommunion mit Christi Ätherleib im Zusammenhang mit dem 33⅓-Jahresrhythmus durch ein bewusstes Leben mit den täglichen Ereignissen in der Sternenwelt in Beziehung zu den Ereignissen im Leben des Christus intensivieren kann.[40]

V
DIE WIEDERKUNFT UND DIE KOMMENDE VERSUCHUNG DER MENSCHHEIT

Es wurde schon auf das Grals-Mysterium Bezug genommen, das das erhabene Mysterium der vier verschiedenen Arten der Kommunion mit Christus enthält. Während sich die vorigen Ausführungen mit der Kommunion des Menschen-Ich mit dem Ich des Christus befassten, im Sinne des Paulus-Wortes »Nicht ich, sondern Christus in mir«, befasst sich das Folgende mit der Kommunion des verwandelten Astralleibes mit Christi Astralleib.

Wie schon beschrieben, finden wir das Urbild der Kommunion des menschlichen Ich mit dem Christus-Ich in Christi Abstieg zur Hölle, in das Reich der Mutter. Denn dies war ein Abstieg des Christus-Ich allein, losgelöst vom physischen Leib, vom Ätherleib und vom Astralleib. Zur Zeit des Sündenfalls zog sich die Mutter in die Finsternis der Unterwelt zurück, unterhalb der neun unterirdischen Sphären des Bösen. In den alten Mysterienstätten, z. B. in Eleusis im alten Griechenland, wurde ein Weg zur Mutter (bei den Griechen Demeter) auf dem Weg der rituellen Einweihung gesucht. Aber nur durch das Mysterium von Golgatha mit Christi Höllenabstieg wurde der Weg des Abstiegs zur Mutter als ein göttlicher Pfad geöffnet. Rudolf Steiner hat es so beschrieben:

> Wenn man mit dem Christus durch sie [die neun unterirdischen Sphären des Bösen] hindurchgeht, so können einem die Dämonen nichts anhaben – aber sonst können sie einen schon vernichten! … Der Weg ist richtig, aber er ist sehr schwer![41]

Der Pfad zur Mutter umfasst die Konfrontation mit den neun unterirdischen Sphären des Bösen und ist darum ein sehr schwieriger Pfad. Trotzdem ist es gerade dieser Pfad, der im 20. Jahrhundert durch die Wiederkunft eröffnet wurde mit einem neuen Abstieg Christi zur Hölle, der 1945 begann (etwa zur Zeit der Explosion der ersten Atombombe). Der kosmische Rhythmus, der diesem Abstieg zugrunde liegt, ist der 12-jährige Jupiter-Rhythmus.

Während der 12-jährige Jupiter-Rhythmus dem Christus-Ich zugeordnet ist, ist der Rhythmus seines Ätherleibes der 33⅓-Jahresrhythmus. Seit dem Mysterium von Golgatha hat dieser sich entfaltende Rhythmus des Ätherleibes Christi die Hauptrolle in der geistigen Geschichte der Menschheit gespielt. Darüber hinaus war der Inhalt der vier Evangelien durch diesen Ätherleib inspiriert, der das »Ewige Evangelium« enthält. Seit 1899, der Vollendung des sechsundfünfzigsten 33⅓-Jahreszyklus seit dem Mysterium von Golgatha, wirkte Christi Ätherleib mit erneuter Intensität in das 20. Jahrhundert hinein: in Verbindung mit der Wiederkunft, seiner Offenbarung im Ätherischen. Rudolf Steiners Vorträge über »Das fünfte Evangelium« (1913) waren aus dieser Quelle inspiriert. Wir nähern uns im September 1999 der Vollendung des neunundfünfzigsten 33⅓-Jahreszyklus seit dem Mysterium von Golgatha. Es wird der sechzigste Zyklus beginnen. Der verwandelte Ätherleib ist in der Lage, mit dem Ätherleib Christi zu kommunizieren.

Im Folgenden geht es vor allem um die Kommunion des gereinigten Astralleibes mit dem Astralleib des Christus. Der umgewandelte Astralleib ist im Osten als Manas bekannt. Ein historisches Urbild dieser Kommunion finden wir in der »Manna-Kommunion« des Volkes Israel in der Wüste. In der Bibel wird betont, dass Manna ein Produkt der Nacht war (Ex 16, 6-13). Nachts, während des Schlafes, trennen sich das Ich des Menschen und sein Astralleib vom physischen Leib und vom Ätherleib. Normalerweise wird der Mensch sich dieses nächtlichen Aufenthaltes im Astralleib nicht bewusst. Doch durch die Umwandlung des Astralleibes kann der Mensch während der Nacht sich dessen geistig bewusst werden. Der Reichtum der Erfahrung, der dabei erlangt wird, schenkt dem Menschen neue Kräfte. Das ist das Wesen der Manna-Kommunion, die durch die Entwicklung von Manas, dem verwandelten Astralleib, entsteht. Beim Volke Israel, in das hinein sich Christus inkarnierte, war die Manna-Kommunion in der Wüste ein Ausdruck der nahenden Inkarnation. Seit dem Mysterium von Golgatha ist diese Art der Kommunion möglich, wenn durch die Vereinigung des menschlichen Ich mit dem Christus-Ich (»Nicht ich, sondern Christus in mir«) das durchchristete menschliche Ich reinigend auf den Astralleib wirkt und ihn in Manas umwandelt. Hierfür finden wir ein geschichtliches Beispiel in Franziskus von Assisi. Die geistige Macht, die Franziskus auf wilde Tiere ausübte, zeugt von der Verwandlung und Reinigung seiner eigenen animalischen Natur (Astralleib). Der so gereinigte Astralleib wird fähig, mit dem Astralleib des Christus in Kommunion zu treten. Was bedeutet das?

Ebenso wie Christi Ätherleib der Träger des »Ewigen Evangeliums« ist, das (teilweise) in den vier Evangelien gespiegelt wird, so ist Christi Astralleib der Träger der Ewigen Apokalypse, von der ein Teil in der Apokalypse des Johannes (»Offenbarung des Johannes«) gespiegelt wird. Dort erscheint Christus dem Johannes mit »sieben Sternen in seiner rechten Hand« (Apk 1, 16), die die sieben Planetenkräfte symbolisieren, die dem Astralleib zugrunde liegen.

Die Versuchung der Menschheit und der Antichrist

Die ganze Symbolik der »Offenbarung« bezieht sich auf das »Nachtbewusstsein«, das durch die Reinigung des Astralleibes erwacht, der dann in die Lage kommt, mit Christi Astralleib in Kommunion zu treten, wie es Johannes beispielhaft bezeugt. Der Rhythmus von Christi Ätherleib beträgt genau 33⅓ Jahre, entsprechend der Dauer des Lebens des Christus Jesus. Welches ist aber der Rhythmus von Christi Astralleib?

Um diese Frage zu beantworten, sollten wir folgende Analogie bedenken. Wie in meinem Buch »Hermetic Astrology II: Astrological Biography« beschrieben, wird das Schicksal des Menschen auf Erden in der Zeit zwischen Empfängnis und Geburt vorbereitet. Im Augenblick der Geburt beginnt sich das Schicksal in Siebenjahresperioden zu entfalten, wobei die erste Siebenjahresperiode während des ersten siderischen Mondmonats (27⅓ Tage) der Embryonalzeit vorbereitet wird, das Schicksal der zweiten Siebenjahresperiode wird vorbereitet während des zweiten siderischen Mondmonats der Embryonalzeit und so fort. So besteht eine klare Entsprechung zwischen der Embryonalzeit (Empfängnis bis Geburt) und dem Lebenslauf (Geburt bis Tod), was die Grundlage für die sogenannte »astrologische Biographik« des Menschen ist.

Nun kann die Taufe im Jordan mit der Empfängnis Christi verglichen und die Auferstehung am Ostermorgen als der Augenblick der Geburt des Auferstandenen gedacht werden. Analog war die Zeit von der Taufe bis zur Auferstehung, die 1290 Tage dauerte, die Embryonalzeit des Christus-Impulses, der seit dem Mysterium von Golgatha wirksam ist. So wie das menschliche Schicksal sich in Siebenjahresperioden von der Geburt an entfaltet, so entfaltete sich auch der Christus-Impuls geschichtlich in einem bestimmten Rhythmus.

Dieser Rhythmus ist ein viel längerer Rhythmus als der Siebenjahresrhythmus, der dem menschlichen Schicksal zugrunde liegt. Rufen wir uns ins Gedächtnis, dass es eine Entsprechung zwischen jedem 27⅓ Tage umfassenden siderischen Mondmonat der Embryonalzeit und jeder Siebenjahresperiode des Menschenlebens gibt. In ähnlicher Weise gibt es eine Entsprechung zwischen der »Embryonalzeit« der 1290 Tage der öffentlichen Wirksamkeit Christi und dem Rhythmus, der der Entfaltung des geschichtlichen Christus-Impulses zugrunde liegt. Diese Entsprechung ist von der Art, dass *ein* Tag von Christi öffentlicher Wirksamkeit 29½ Jahren geschichtlicher Entfaltung des nachösterlichen Christentums entspricht. Wir können hier den Saturnrhythmus von 29½ Jahren wiedererkennen, die Zeit, die Saturn für einen Umlauf im siderischen Tierkreis braucht, so wie die Sonne *ein* Jahr braucht und Jupiter zwölf Jahre. Tatsächlich sind 29½ Jahre der Rhythmus von Christi Astralleib.

Wieder können wir durch Analogie zum Verständnis der Beziehung zwischen dem 29½-Jahresrhythmus von Christi Astralleib und dem 33⅓-Jahresrhythmus seines Ätherleibes kommen. Für den Menschen gibt es hier eine Analogie mit den 27⅓ Tagen des siderischen Mondmonats und den 29½ Tagen des synodischen Mondmonats. Der Mond braucht 27⅓ Tage für einen Umlauf durch den siderischen Tierkreis. Dieser Rhythmus bezieht sich auf die Astralwelt (siderisch) und entsprechend auf den menschlichen Astralleib. Andererseits ist die synodische Mondperiode von 29½ Tagen die Zeit, die der Mond braucht, um einen Zyklus seiner Phasen, d. h. von Neumond bis Neumond, zu vollenden. Dieser Rhythmus gehört der ätherischen Welt an und bezieht sich entsprechend auf den Ätherleib des Menschen. Die Differenz zwischen diesen beiden Perioden (etwas mehr als zwei Tage) rührt von daher, »dass eine gewisse Zeit gebraucht wird, damit dasjenige, was wir seelisch erleben, damit das sich eindrückt aus dem astralischen Leib heraus in unsern Ätherleib hinein«[42]. Hier ist eine Analogie zum 29½-Jahresrhythmus von Christi Astralleib und dem 33⅓-Jahresrhythmus seines Ätherleibes zu erkennen. Die Differenz zwischen diesen beiden Perioden (etwas mehr als 3½ Jahre) entspricht den 3½ Jahren (1290 Tagen) von Christi öffentlicher Wirksamkeit.

Es gilt im Bewusstsein festzuhalten, dass jeder Tag von Christi öffentlicher Wirksamkeit das Wirken des Christus-Impulses für einen »Saturntag« von 29½ Jahren in der Geschichte vorbereitete, in dem Sinne, dass die Geschehnisse eines jeden Tages in seinen Astralleib eingeschrieben wurden und sich dies seit der Zeit des Mysteriums von Golgatha parallel zum Saturnumlauf durch den siderischen Tierkreis entfaltete.[43]

Als Beispiel wollen wir die Zeit der Versuchung betrachten, die als »vierzig Tage in der Wüste« bekannt sind. Es war am Abend des Sabbat, 28⅓ Tage nach der Taufe im Jordan, als Christus Jesus seine vierzig Fasttage in der Wüste begann. Alle vierzig Tage waren eine Zeit der Versuchung. Sie kulminierten aber in der letzten Versuchung, am Ende des 39. Tages, in der Begegnung mit Satan, der forderte, dass Christus Steine in Brot verwandeln sollte. (Hier sollten wir beachten, dass der »Tag« im jüdischen Kalender mit der Dämmerung beginnt und bis zum Sonnenuntergang des folgenden Tages dauert.) In der Nacht »richtete« Christus die Geschehnisse eines jeden Tages, denn er ist das »Welt-Gewissen« (siehe hierzu Tabelle auf S. 53). Christi Gericht über diese vierzig Tage der Versuchung wurde in seinen Astralleib eingeschrieben, dessen Inhalt sich geschichtlich entfaltete, und zwar nach der Entsprechung: 1 Tag = 29½ Jahre. Mithilfe dieser Entsprechung können wir die geschichtliche Zeit der Versuchung und der gesamten 1290 Tage seiner öffentlichen Wirksamkeit in der Menschheitsgeschichte genau bestimmen.

Eine genaue Chronik des Christus-Lebens findet sich in meinem Buch »Chronik des lebendigen Christus«. Da die vierzig Tage in der Wüste 28⅓ Tage nach der Taufe im Jordan begannen, müssen diese 28⅓ Tage mit 29½ multipliziert werden. Wir kommen dann auf die Zahl 836. Das ist die Zahl der Jahre nach dem Mysterium von Golgatha, nach denen die geschichtliche Zeit der Versuchung begann. Da das Mysterium von Golgatha 33 n. Chr. stattfand, bedeutet das, dass im Jahr 869 (33 + 836) die Zeit der Versuchung der Menschheit begann. 869 fand das 8. Ökumenische Konzil (das vierte von Konstantinopel) statt, das Photius verurteilte, der für das Schisma zwischen der Ost- und der West-Kirche verantwortlich gemacht wurde. In dieser Zeit verlor die Christenheit den Blick für eine wahrhaft spirituelle Dimension des Menschen.

Wo stehen *wir* nun innerhalb dieser Zeit der Menschheitsversuchung?

Diese Zeit begann mit der Stellung des Saturn im siderischen Schützen im Jahr 869 und dauert vierzig Saturnumläufe durch den siderischen Tierkreis. Sie endet 2047 mit der Stellung von Saturn im Schützen. Wie vorher beschrieben, liegt das nahe beim Jahr 2040, wenn Christus auf seinem Weg durch die unterirdischen Sphären den tiefsten Punkt des Abstiegs erreicht haben wird und dann seinen Aufstieg beginnt. Das Jahr 2047 bezeichnet also das Ende der Zeit der Versuchung der Menschheit. Und so wie am Ende von Christi vierzig Tagen in der Wüste »Engel zu ihm traten und ihm dienten« (Mt 4, 11), so werden um die Mitte des nächsten Jahrhunderts die Engel der Menschheit dienen, jenen Menschen, die die Versuchung bestanden haben.

Wann aber wird die Versuchung der Menschheit stattfinden, die als die Begegnung mit dem Satan am Höhepunkt der vierzig Tage in der Wüste geschildert wird? Kosmisch gesehen fand diese Begegnung Christi mit dem Satan bei der Konjunktion von Sonne und Pluto bei 9° Schütze (im siderischen Tierkreis), gegen Ende der vierzig Tage in der Wüste, statt.[44] Es ergibt sich dann, dass Pluto im Jahr 2010 die Stellung von 9° Schütze erreicht. Wenn wir in Betracht ziehen, dass das Ende des 39. Saturnumlaufs nach 869 im Jahre 2018 sein wird (in diesem Jahr wird Saturn dreimal den Ort von 9° Schütze durchlaufen), wird die Ankunft Plutos bei 9° Schütze im Jahr 2010 kosmisch an die Begegnung des Christus Jesus mit Satan in der Wüste erinnern.

Nach Rudolf Steiner wird sich, so wie sich Christus vor zweitausend Jahren in Jesus inkarnierte, Ahriman (Satan) auch in einer menschlichen Gestalt inkarnieren. Das wird nicht lange nach dem Beginn des dritten Jahrtausends, d. h. bald nach dem Jahr 2000, stattfinden. In der christlichen Tradition ist dieser Vorgang als die Inkarnation des Antichristen bekannt. Es gibt viele Prophezeiungen darüber, von denen die meisten aus Christi eigenen Worten abgeleitet sind:

> Wenn ihr dann am heiligen Ort den Gräuel der Verwüstung sehen werdet, von dem der Prophet Daniel spricht … dann wird

> eine große Trübsal sein, wie sie von Anfang der Welt an bisher nicht gewesen ist und auch nicht sein wird. Und wo diese Tage nicht verkürzt würden, so würde kein Mensch selig werden; aber um der Auserwählten willen werden die Tage verkürzt. Wenn dann jemand zu euch sagen wird: Siehe, hier ist der Christus! oder: Da!, so sollt ihr es nicht glauben. Denn es werden falsche Christusse und falsche Propheten aufstehen und große Zeichen und Wunder tun, so dass auch die Auserwählten irregeführt werden könnten, wenn es möglich wäre. (Mt 24,15. 21-24)

Der Bezug auf den Propheten Daniel zielt auf dessen Prophezeiung für die Stadt Jerusalem (den »heiligen Ort«), wo Daniel von einem »Fürsten« spricht, der »wird kommen und die Stadt und das Heiligtum zerstören ... bis zum Ende des Streits wird es wüst bleiben« (Dan 9, 26). Hier bezieht sich Daniel auf den »Fürsten dieser Welt« (Satan).

Wladimir Solowjew beschreibt in seiner »Kurzen Erzählung vom Antichrist« (veröffentlicht Ostern 1900) den falschen Christus (Antichrist), der, in Verbindung mit dem falschen Propheten (dem Magier Apollyon), Kaiser der Welt wird und seine Residenz in Jerusalem aufschlägt. Unter Apollyons magischer Macht gibt es die Fähigkeit, Feuer vom Himmel kommen zu lassen. Das ist eine klare Anspielung auf das zweigehörnte Tier, von dem im 13. Kapitel der »Offenbarung« gesprochen wird. Tatsächlich finden wir in der »Offenbarung« einen Bericht über die Regierung des Antichristen, des ersten Tieres, das unterstützt wird von dem zweigehörnten Tier:

> Die ganze Macht des ersten Tieres übte es [das zweigehörnte Tier] vor dessen Augen aus. Es brachte die Erde und ihre Bewohner dazu, das erste Tier anzubeten ... Und sie beteten den Drachen an, weil er dem Tier die Macht gab, und beteten das Tier an und sprachen: Wer ist dem Tier gleich, und wer kann mit ihm kämpfen? Und es wurde ihm ein Maul gegeben, große Dinge und Lästerungen zu reden, und ihm wurde Macht gegeben, es zweiundvierzig Monate lang zu tun. (Apk 13, 12; 12, 4-5)

Wenn wir die Apokalypse als einen Bericht über die Entfaltung des Christus-Impulses lesen, insofern sie den Inhalt von Christi Astralleib spiegelt, der sich geschichtlich in dem Saturn-Rhythmus von 29½ Jahren entfaltet, dann muss das »Buch der Offenbarung« auch die Begegnung mit Satan schildern. Für Christus Jesus ereignete sie sich gegen Ende seines 39. Tages in der Wüste. Da die vierzig Tage in der Wüste 28⅓ Tage nach der Taufe im Jordan begannen, war die Begegnung mit Satan ungefähr am 67. Tage (28 + 39 = 67) seiner öffentlichen Wirksamkeit. Diese Zahl mit 29½ multipliziert und zu 33 (n. Chr.) hinzugefügt, ergibt, dass die Begegnung der Menschheit mit Satan, die traditionell als die Begegnung mit dem Antichristen bekannt ist, sich in der Zeit um 2010 ereignen wird, wenn Pluto wieder bei 9° im Schützen steht, wo er bei der Versuchung Christi in der Wüste stand (67 x 29½ + 33 = 2010).

Im 13. Kapitel der »Offenbarung« wird genau diese Begegnung mit dem Antichristen geschildert. Satan, der Drache, verleiht dem Tier die Autorität, d. h. er inkarniert sich in eine menschliche Gestalt und wird ein Tier. Das Tier darf seine Gewalt 42 Monate ausüben, was bedeuten kann, dass es dem Antichristen erlaubt ist, ein Weltreich zu errichten, dass er als Herrscher oder »Fürst dieser Welt« versuchen darf, die Menschheit dazu zu bringen, ihn als Messias anzuerkennen, so wie die Zeit der öffentlichen Wirksamkeit Jesu Christi 42 Monate (1290 Tage) gedauert hat. Nach der Apokalypse des Johannes wird der Antichrist (das erste Tier) unterstützt von dem zweigehörnten Tier, dessen Zahl 666 ist.

In seiner »Apokalypse des Johannes« bezieht Rudolf Steiner die Zahl 666 auf die Zahl des Sonnendämon Sorat. (Sorat wird im Hebräischen buchstabiert: Samech, Vav, Resch, Tav, die den Zahlenwert haben von 60 + 6 + 200 + 400 = 666.) Der Sonnendämon Sorat ist der Inspirator schwarzer Magie. In Solowjews Erzählung vom Antichristen wird er unterstützt von einem Magier (Apollyon), der in der Lage ist, magische Macht auszuüben. Mit anderen Worten: Wie ein bestimmtes menschliches Wesen dadurch, dass es Träger von Satan wird, als Antichrist auftritt, als das Tier, so wird ein anderes menschliches Wesen unter der Inspiration von Sorat schwarzmagisch handeln und »es macht, dass die Erde und ihre Bewohner das erste Tier anbeten«. Dieses zweite menschliche Wesen ist »der falsche Prophet, der die Zeichen tat vor ihm (dem Tier), durch die er diejenigen verführte, die das Kennzeichen des Tieres angenommen hatten« (Apk 19, 20).

Wenn wir das Jahr 2010 als grobe Orientierung nehmen für den Zeitpunkt, da die Versuchung der Menschheit durch den »Weltherrscher« und seinen »Magier« (den falschen Propheten) stattfinden wird, so ist es klar, dass die beiden menschlichen Wesen, von denen hier gesprochen wird, schon vor dem Jahr 2000 geboren wurden. Tatsächlich wurde ein genaues Datum der Geburt des Antichristen durch eine amerikanische Hellseherin, Jeane Dixon, in ihrem Buch »My Life and Prophecies« mitgeteilt. In diesem Buch berichtet sie von einer Schauung, die sie von der Geburt des Antichristen bei Sonnenaufgang am 5. Februar 1962 hatte, in einem Ort im Nahen Osten, einige Stunden nach einer totalen Sonnenfinsternis im siderischen Zeichen des Steinbocks. Es gab tatsächlich eine ganz besondere Planetenstellung im Steinbock zu der Zeit der Geburt des Antichristen, wie er von Jeane Dixon angekündigt wurde, und zwar mit Saturn, Jupiter, Mars, Venus, der Sonne, Merkur und dem Mond in Verbindung mit dem Mondknoten im Steinbock. Davor hatte sich eine so geballte Konjunktion von sieben sichtbaren Planeten zuletzt im Jahr 1524 ereignet. Wenn der »Weltpräsident« tatsächlich 1962 geboren wurde, dann wird er im Jahr 2010 achtundvierzig Jahre alt sein, auf der Höhe seiner Macht.

In einem Gespräch äußerte Willi Sucher (1902–1985) vor vielen Jahren, dass er Jeane Dixons Vision forschend nachgegangen sei und sie durchaus plausibel fände. Willi Sucher identifizierte den Geburtsort als Tobruk in Libyen. Als er nach der Bedeutung der Konstellation im Steinbock befragt wurde, antwortete er: »In der Antike wurde der Steinbock als das ›Tor der Götter‹ bezeichnet. Welchen besseren Augenblick konnte der Antichrist für seine Geburt wählen, als dass alle Planeten vor dem Steinbock stehen, indem sie das Tor zur geistigen Welt blockieren, um seine eigene Herrschaft in einer Welt des Materialismus zu etablieren, indem die Menschheit von aller Spiritualität abgeschnitten wird.«

Ob Jeane Dixons Vision wahr ist oder nicht, bleibt abzuwarten. Was überraschend ist, ist die bemerkenswerte Parallele zwischen ihrer Vision und der Schau Solowjews. Obwohl sie keinen »Magier« erwähnt, berichtet sie von mächtigen Freunden unter den Politikern der Vereinigten Staaten, die dem Antichristen helfen werden, an die Macht zu kommen. Auch sie spricht davon, dass der Antichrist das Zentrum seines Wirkens in Jerusalem errichten wird. Auf diesem Hintergrund bekommen die politischen Ereignisse im Nahen Osten, vor allem in Verbindung mit Israel, eine neue Bedeutung. Kein Wunder, dass der Nahe Osten solch ein Zentrum der Spannung ist. Und eine Gestalt wie der Diktator im Irak erscheint wie eine Schachfigur in einem viel komplexeren Spiel, die den Weg für eine neue Weltordnung bereitet, die der Antichrist einzuführen beabsichtigt. So kann der Golfkrieg als ein Schritt in der Kette der Ereignisse gesehen werden, die zu einer neuen Weltordnung führen. Hier sei erwähnt, dass beim Ausbruch des Golfkriegs eine Konjunktion von Sonne und Saturn im Mondknoten stattfand, was uns an die Versuchung in der Wüste erinnert. Der Golfkrieg dauerte fast genau vierzig Tage, wie die vierzig Tage der Versuchung, und fand in der Wüste statt (er wurde »Aktion Wüstensturm« genannt): So wird deutlich, dass die tiefere Bedeutung des Golfkriegs auf dem Hintergrund der Vorbereitung des Weges des Antichristen gesehen werden kann.

Für die Menschheit als ganze erhebt sich die Frage: Der Christus oder der Antichrist? Diese Frage gehört zum Wesentlichen der kommenden Versuchung, die auf die Menschheit durch das Auftauchen des Antichristen auf der Weltbühne zukommt. Sie muss für die ganze Menschheit kommen, so wie der Christus gegen Ende der vierzig Tage in der Wüste dem Satan begegnete. Damals war diese Versuchung notwendig; denn nur durch die Überwindung dieser Versuchung machte Christus den Weg frei zur Entfaltung seiner Mission. Dasselbe gilt jetzt in Bezug auf die zukünftige Mission des Christus-Impulses für die Erde und die Menschheit. Trotzdem darf der Ernst und die Ungeheuerlichkeit der nahenden Versuchung der Menschheit nicht unterschätzt werden. Mit Christi eigenen Worten ausgedrückt:

> Seht zu, dass euch keiner verführe. Denn es werden viele kommen unter meinem Namen und sagen: »Ich bin der Christus« und werden viele verführen. Ihr werdet hören von Kriegen und Kriegsgeschrei ... Denn es wird sich ein Volk gegen das andere erheben und ein Königreich gegen das andere. An vielen Orten wird es Hungersnöte und Erdbeben geben ... Denn es wird dann eine große Trübsal sein, wie sie seit Anfang der Welt bisher nicht gewesen ist und auch nicht sein wird (Mt 24, 4-7,21).

In diesem Zusammenhang können wir an den Golfkrieg denken; an die Hungersnot in Äthiopien, im Sudan und anderswo; an die Verwüstungen, die durch Zyklone verursacht wurden in Bangladesch und Japan, an die Überschwemmungen in China; sowie an Erdbeben in Costa Rica, Georgien, auf den Philippinen, in Japan und Kalifornien. Doch können wir auch Trost erhalten durch Christi Worte, denn er sprach sie zu den Jüngern als Antwort auf ihre Frage: »Welches sind die Zeichen deiner Wiederkunft?« Mit anderen Worten: Wir leben jetzt im Zeitalter der Wiederkunft, und jede Versuchung und Trübsal unserer Zeit kann auf dem Hintergrund dieses Ereignisses gesehen werden. Tatsächlich kann uns dieses Ereignis die spirituelle Kraft verleihen, allem zu begegnen und es zu überwinden, einschließlich der großen Versuchung, die durch den Antichristen auf uns zukommt. Aus diesem Grund ist es so besonders wichtig, dass wir uns mit Christi Wiederkunft befassen, um eine Beziehung zu diesem Ereignis und eine Verbindung zu Christus selbst über den Weg der Kommunion mit ihm zu bekommen.

Es gibt verschiedene Wege, die man gehen kann. Hier stand vor allem der Weg der Kommunion mit Christi Astralleib (durch Reinigung des eigenen Astralleibes) im Mittelpunkt unserer Betrachtungen. Denn dieser Weg enthält den Schlüssel zu den Mysterien der Apokalypse und zum Lesen der apokalyptischen Zeichen der Zeit, in der wir leben. Auf diesem Weg erscheint die Inkarnation des Antichristen wie die Schattenseite der Wiederkunft: das eine Ereignis findet auf der physischen Ebene, das andere im Ätherreich statt, das nur geistiger Schau offen ist. Für die Menschheit als ganze geht es um die Wahl zwischen Christus oder dem Antichristen. Es ist eine Wahl zwischen Gut und Böse, zwischen einer spirituellen Anschauung und dem Materialismus. Letztlich ist es die Frage, ob die Menschheit Christus als den Auferstandenen erkennen und wählen will, der durch die Auferstehung den Sieg des Geistes feierte. Mit Solowjews Worten:

> Wir haben nur *einen* festen Halt: die wirkliche Auferstehung. Wir wissen, dass der Kampf des Guten mit dem Bösen nicht nur in der Seele und in der Gesellschaft geführt wird, sondern tiefer, in der physischen Welt. Und hier kennen wir in der Vergangenheit schon einen Sieg des guten Prinzips des Lebens – in der

persönlichen Auferstehung des Einen – … Das Reich Gottes ist das Reich des durch die Auferstehung triumphierenden Lebens, und in diesem triumphierenden Leben liegt auch das wirkliche, das zu verwirklichende, endgültige Gute. Hierin liegt die ganze Kraft und das ganze Werk Christi.[45]

VI
DER GANG DURCH DIE TRÜBSAL UND DIE WIEDERKUNFT CHRISTI

Das Neue Zeitalter, das Zeitalter der Wiederkunft, ist gleichzeitig ein Zeitalter der Apokalypse, das eine Konfrontation mit dem Bösen nach sich zieht. Auf dem Hintergrund von zwei Weltkriegen und all den anderen katastrophalen Ereignissen im 20. Jahrhundert wird niemand bezweifeln, dass die Menschheit im 20. Jahrhundert in ein apokalyptisches Zeitalter eingetreten ist. In apokalyptischer Sprache gesprochen leben wir jetzt in einer Zeit der »Trübsal« (neutestamentlich-griechisch »thlipsis«).

> Sogleich aber nach der Trübsal jener Tage wird die Sonne sich verfinstern und der Mond seinen Schein verlieren, und die Sterne werden vom Himmel fallen, und die Kräfte der Himmel werden sich bewegen. Und alsdann wird das Zeichen des Menschensohnes am Himmel erscheinen (Mt 24, 29-30).

In diesen Worten, die der Christus Jesus zu seinen Jüngern sprach als Antwort auf ihre Frage »Welches wird das Zeichen deiner Wiederkunft (parusia) und des Endes der Welt sein?« (Mt 24, 3), verweist Christus auf die »Trübsal jener Tage«. Trübsal bedeutet hier »starke Bedrängnis«. Dieses Wort wird von Christus in seiner Antwort auf diese Frage der Jünger dreimal gebraucht:

(1) In Vers 9: »Alsdann werden sie euch der Trübsal überantworten und euch töten. Und ihr werdet um meines Namens willen von allen Völkern gehasst werden.« Hier prophezeit Christus, dass von ihren Verfolgern starke Bedrängnisse über die Jünger kommen werden. Das ereignet sich heute in verschiedenen Teilen der Welt, wo viele verfolgt werden.

(2) In Vers 21: »Dann wird eine große Trübsal sein, wie sie von Anfang der Welt bisher nie gewesen ist und wie sie auch nicht sein wird.«

Hier wird das Wort mehr im allgemeinen Sinn gebraucht als eine »Zeit des Leidens«. Der Beginn dieser Zeit wird durch Christi prophetische Worte angekündigt: »Denn es wird sich ein Volk gegen das andere erheben und ein Reich gegen das andere, und es werden Hungersnöte und Erdbeben hier und dort sein. Doch das alles ist erst der Anfang der Wehen« (Vers 7-8). Die Geißel des militärischen Nationalismus ist auf der Erde heute stark verbreitet.

(3) In Vers 29, der oben zitiert wurde, wo auf die vorausgehende »Trübsal jener Tage« durch kosmische Zeichen hingewiesen wird, die ihren Höhepunkt mit der Erscheinung des »Zeichens des Menschensohnes am Himmel« erreichen.

Was aber ist das Zeichen des Menschensohnes am Himmel? Ohne hier ins Detail gehen zu können, gibt es auf der Grundlage eines authentischen Verständnisses des Tierkreises einen guten Grund für die Ansicht, dass »das Zeichen des Menschensohnes am Himmel« angekündigt wird durch das Eintreten des Frühlingspunktes in das siderische Sternzeichen des Wassermann im Jahre 2375 n. Chr.[46]

Dieses astronomische Ereignis ist offensichtlich mit Christi Wiederkunft verbunden und zeigt auch das »Ende des Zeitalters« an, nämlich das Ende des astronomischen Zeitalters der Fische von 215 bis 2375 n. Chr. Wenn dies hier zumindest als eine Arbeitshypothese angenommen werden kann, bedeutet das, dass die Zeit der Trübsal bis zum Beginn des Wassermannzeitalters 2375 n. Chr. dauern wird. Wann aber beginnt sie?

Im Matthäus-Evangelium verweist Jesus auf die Zeichen des »Beginnes der Leiden«: Krieg, Hungersnot und Erdbeben. Ein klarer und realistischer Blick auf das 20. Jahrhundert zeigt, dass es, und zwar nicht nur durch eine erhöhte Aufmerksamkeit seitens der Medien, eine noch nie da gewesene Zeit des Krieges, der Hungersnot und des Erdbebens ist und gewesen ist und dass diese offenbar noch weitergehen werden. Man denke nur an die beiden Weltkriege. Um darüber hinaus nur einige Beispiele zu nennen: der Golfkrieg im Irak, der Krieg im früheren Jugoslawien, die Hungersnöte in Somalia, in Äthiopien, in Nordkorea, im Südsudan; zu Beginn dieses Jahrhunderts das mächtige Erdbeben am 18. April 1906 in San Francisco, das 1000 Menschen den Tod brachte und eine Viertelmillion Menschen obdachlos machte; das riesige Unterwasser-Erdbeben am 2. Dezember 1992, das eine Serie von Flutwellen mit sich brachte, die über Flores-Island, Indonesien, hinwegfegten, mindestens 2.500 Menschen töteten und über 50.000 Wohnungen zerstörten; dann das furchtbare Erdbeben am 30. September 1993 östlich von Bombay, bei dem schätzungsweise 20.000 Menschen umkamen. Auch die Erdbeben in Assisi (Italien) und in Kolumbien sind hier zu erwähnen. Es gibt also zweifellos Gründe, das 20. Jahrhundert für die Zeit des »Beginns der Leiden« zu halten, die Christus 2000 Jahre zuvor prophezeite.

Aber das 20. Jahrhundert ist nicht nur eine Zeit der Katastrophen. Es ist auch eine Zeit geistigen Erwachens, in der ein neues spirituelles Licht zu leuchten beginnt. Was steht hinter diesem Vorgang?

Die moderne Geisteswissenschaft bestätigt die Ansicht der Hindu-Chronologie, die das Jahr 1899 n. Chr. als das Ende des Kali Yuga, des Finsteren Zeitalters, bezeichnet und den Beginn des Lichten Zeitalters. Das Heraufkommen dieses Lichten Zeitalters hat aber mit der Wiederkunft Christi zu tun. Bei Matthäus lesen wir: »Alsdann wird das Zeichen des Menschensohnes am Himmel erscheinen. Dann werden alle Geschlechter auf Erden wehklagen und werden des Menschen Sohn in den Wolken des Himmels mit großer Kraft und Herrlichkeit kommen sehen« (24, 30). Das »Zeichen des Menschensohnes am Himmel« und die Wiederkunft – »des Menschen Sohn kommt in den Wolken des Himmels« – sind hier miteinander verbunden. Von welcher Art ist diese Verbindung?

Hier kann nur ein grober Umriss gegeben werden. Beginnen wir mit der Lehre der Hindu-Chronologie: Kali Yuga, das Finstere Zeitalter, begann 3102 v. Chr. (= –3101) und dauerte 5000 Jahre bis 1899. Dann begann das Satya Yuga (das Lichte Zeitalter), das halb so lange dauern wird wie das Kali Yuga, d. h. 2.500 Jahre, bis 4399. Das Lichte Zeitalter ist das wahre »New Age«. Wie eingangs beschrieben, könnte dieses Neue Zeitalter als das »Zeitalter der Wiederkunft« des kosmischen Christus bezeichnet werden.[47]

Dieses Neue Zeitalter ist jedoch nicht identisch mit dem Wassermann-Zeitalter. Denn das Wassermann-Zeitalter beginnt mit dem Eintritt des Frühlingspunktes in den Wassermann, im Jahr 2375 n. Chr. Es wird 2160 Jahre dauern, bis 4535 n. Chr. (2160 Jahre braucht der Frühlingspunkt, um bei einer Präzession von 1 Grad in 72 Jahren rückläufig durch die 30 Grad des siderischen Tierkreiszeichens Wassermann zu wandern.)

Trotzdem fällt der größte Teil des Wassermann-Zeitalters in das Lichte Zeitalter, und die Enden dieser beiden Zeitalter fallen fast zusammen. Die Differenz zwischen 4399 und 4535, also 136 Jahre, beträgt weniger als 2 Grad der Präzession (2x72=144). So enthält das 2500 Jahre dauernde Neue Lichte Zeitalter eine Periode von 476 Jahren, die zu dem Ende des Fische-Zeitalters gehört, nämlich von 1899–2375, plus einer Periode von 2024 Jahren, von 2375–4399, die beinahe mit dem Wassermann-Zeitalter zusammenfällt. Im Sinne der obigen Worte Jesu Christi über seine Wiederkunft interpretiert umfassen die 476 Jahre des Neuen Zeitalters die Zeit der *Trübsal*, die zu der Erscheinung des »Zeichens des Menschensohns am Himmel« führt, die wir mit dem Beginn des Wassermann-Zeitalters identifiziert haben. Wir können diese Gedanken formelhaft-schematisch so zusammenfassen:

Neues Zeitalter (1899-4399) = *Trübsal* (1899-2375) + *Wassermann-Zeitalter* (2375-4399, eigentlich bis 4535). Dabei beinhalten jeweils:

Neues Zeitalter = Zeitalter der Wiederkunft (Offenbarung Jesu Christi als des Auferstandenen in der Biosphäre der Erde – »in den Wolken«)

Trübsal = Zeit des Umbruchs und des Übergangs mit Leiden (Kriegen, Hungersnöten, Erdbeben); Beginn von Christi Wiederkunft, die für Menschen mit geistig erwachtem Schauen wahrnehmbar ist.

Wassermann-Zeitalter = Erscheinen des »Zeichens des Menschensohnes am Himmel« (Eintritt des Frühlingspunktes in den Wassermann); Christi Wiederkunft wird allgemein wahrnehmbar (»alle Geschlechter der Erde werden wehklagen und des Menschen Sohn in den Wolken des Himmels kommen sehen«.)

So gibt es eine deutliche Verbindung zwischen dem Neuen Zeitalter und dem Zeitalter des Wassermann; denn das Wassermann-Zeitalter und der letzte Teil des Neuen Zeitalters fallen dem Wesen nach zusammen. Aber eine Kenntnis dieser Verbindung wäre unvollständig, wenn wir nicht den ersten Teil des Neuen Zeitalters, die Zeit der Trübsal, in der wir jetzt leben, mit in Betracht ziehen würden.

Einerseits ist Trübsal durch Kriege charakterisiert, durch Hungersnöte und Erdbeben, andererseits durch das spirituelle Erwachen für die Gegenwart des Auferstandenen im Reich der Natur, in der Biosphäre der Erde. Dies wird von Jesus Christus selbst verkündet: »Denn so wie der Blitz ausgeht vom Aufgang und scheint bis zum Niedergang, so wird auch die Wiederkunft des Menschensohnes sein« (Mt 24, 27). Rudolf Steiner bemerkte zum Thema Blitz:

> Nur das [nämlich das Verständnis von dem Mysterium von Golgatha, R.P.] kann uns befähigen, die ganze Natur moralisch zu empfinden. Wenn man dann aufschaut zu den Wolken und den Blitz daraus hervorschießen sieht, dann wird man darin den Christus sehen können in seiner Äthergestalt. Mit den »Wolken«, das heißt mit den Elementen, kommt er in seiner Geistgestalt. Dieses Gesicht wird einmal für jeden Menschen auftreten, sei es früher oder später.[48]

Die Entwicklung eines moralischen Sinnes für die Natur ist hilfreich für die Schau des kommenden Menschensohnes. Er hilft uns auch, ein neues Verhältnis zu der wachsenden Anzahl von Naturkatastrophen zu bekommen. Die Zeit von 1991 bis 1995, besonders die Zeit um das Jahr 1993, war in dieser Hinsicht besonders eindrucksvoll. Denn während dieser Zeit näherten sich die Planeten Uranus und Neptun immer mehr, kamen in der Zeit von 1991 bis 1993 allmählich in Konjunktion und trennten sich wieder in der Zeit von 1993 bis 1995. Während des ganzen Jahres 1993 waren Uranus und Neptun also in enger Konjunktion miteinander (sie begegneten sich dreimal im siderischen Schützen, am 2. Februar, 19. August und 25. Oktober).[49]

Uranus, Neptun und Pluto sind mit spezifischen unterirdischen Kräften verbunden.[50] Diese Kräfte wirken vor allem in den verschiedenen Naturkatastrophen wie Erdbeben und Vulkanausbrüchen. Beim Erdbeben in San Francisco im Jahr 1906 ist es auffallend, Uranus und Neptun in Opposition zueinander zu finden: Uranus 15° im Schützen und Neptun mitten in den Zwillingen bei 14½° Grad. (Alle Längen sind in Grad der Zeichen/Sternbilder des siderischen Tierkreises angegeben.)

Am Morgen des 12. Juni 1991, als der Vulkan Pinatubo (Philippinen) ausbrach und eine riesige Wolke von vulkanischer Asche und Staub in die Atmosphäre schleuderte, die über einhundert Kilometer sichtbar war und 19 Millionen Tonnen Schwefeldioxyd in die Luft entließ in einem Pilz, der allmählich die Erde umgab und die globale Temperatur zwischen Juni 1991 und Mai 1992 um ein Grad fallen ließ, stand Uranus 19° im Schützen, in der Nähe zu Neptun bei 21½° Schütze.

Uranus bei 22° und Neptun bei 23° im Schützen standen sich noch näher – mit dem Mond in Opposition in den Zwillingen –, als am 12. Dezember 1992, wie oben erwähnt, das Erdbeben die Flores-Inseln in Indonesien verwüstete. Als am Abend des 15. Januar 1993 ein massives Erdbeben (7,5 auf der Richterskala) Hokkaido in Nord-Japan erschütterte, stand Merkur 25½° im Schützen, in Konjunktion mit Uranus und Neptun, beide bei 24° im Schützen.

Eine moralische Erfahrung von Mutter Natur zeigt ein Erdbeben als einen Ausdruck von Furcht oder einen Ausbruch von Ärger. Nachdem sie schlecht behandelt und rücksichtslos von Menschenhand ausgebeutet wurde – vor allem seit der wissenschaftlich-industriellen-technologischen Revolution, die um die Zeit der letzten Konjunktion zwischen Uranus und Neptun, einer dreifachen Konjunktion im Jahre 1821 im siderischen Schützen, begann –, beginnt die Natur nun stärker zu reagieren. Nicht nur Erdbeben und Vulkanausbrüche, sondern auch Orkane, Tornados, Taifune, Springfluten, Kältewellen und andere Extreme und Störungen im Klima sind die Antwort der Natur auf die Verwüstungen, die sie durch die Untaten der Menschheit seit dem Beginn des industriellen-technologischen Zeitalters erlitten hat. Was aber kann angesichts der wachsenden Flut von Naturkatastrophen in dieser Zeit der *Trübsal* getan werden?

Wir sind aufgerufen, ein neues, moralisch durchdrungenes Verhältnis zur Natur zu entwickeln. Davon hängt alles ab, was zu der wahren Schau des Kommens des Menschensohnes führen kann. Selbst inmitten des heftigsten Sturmes kann er sich offenbaren, im Auflodern der Blitze und im Pulsieren des Wärme-Äthers (Thermosphäre) der Erde. Wir sollten nicht vergessen, dass Jesus Christus, als »sich ein großer Sturm im Meer erhob«, »dem Wind und dem Meer drohte; da wurde es ganz ruhig« (Mt 8, 24-26), auch nicht, dass »die Erde erbebte und die Felsen zerrissen« (Mt 27, 52), in einem Erdbeben im Augenblick seines Todes am Kreuz, dass die Erde am Fuße des Kreuzes aufriss, als er in die Hölle abstieg, in das Innere der Erde.

Der Auferstandene ist wirklich der »Herr der Elemente«. So wie er auf dem Wasser wandelnd zu den Jüngern kam und den Sturm stillte, so kann er durch die Elemente der Natur hindurch kommen, durch Feuer, Luft, Wasser, Erde, zu jeder Zeit, selbst in der Stunde der Katastrophe, und ist dann wie ein Engel, der uns in Sicherheit bringt. Vertrauen und Gelassenheit sind angesichts der Trübsal hier gefordert. Denn alle

Furcht und Sorge um die Zukunft dient nur dazu, den Menschen in dunkle Wolken der Emotionen einzuhüllen, sie an der wahren Verbindung mit der geistigen Welt zu hindern, die notwendig ist, um in Sicherheit geführt zu werden.

Obwohl Sodom und Gomorrah zerstört wurden, als der Herr »Schwefel und Feuer« regnen ließ wegen der »schlimmen Sünder«, die in diesen Städten lebten, kamen am Abend zuvor Engel zu Lot und brachten ihn und seine Familie in Sicherheit (Gen 19). Wenn Lot Angst erlebt hätte angesichts der drohenden Zerstörung, hätte dies die Führung durch die Engel hindern können, die er brauchte, um aus der dem Untergang geweihten Stadt von Sodom herausgeführt zu werden. Ähnlich wird es während der gegenwärtigen Zeit der Trübsal denjenigen ergehen, die heute in vergleichbaren »Sodom und Gomorrah«-Städten wohnen, und uns allen, die wir in von Naturkatastrophen bedrohten Gebieten leben. Die angemessene Ruhe bzw. die Seelenqualität, die in dieser Zeit der Trübsal gefordert ist, kommt in wundervoller Weise in dem sog. »Ergebenheitsgebet« Rudolf Steiners zum Ausdruck:

> Was auch kommt, was mir auch die nächste Stunde, der nächste Morgen bringen mag, ich kann es zunächst, wenn es mir ganz unbekannt ist, durch keine Furcht und Angst ändern. Ich erwarte es mit vollkommenster innerer Seelenruhe, mit vollkommener Meeresstille des Gemütes! … Durch Angst und Furcht wird unsere Entwicklung gehemmt; wir weisen durch die Wellen der Furcht und der Angst das zurück, was in unsere Seele aus der Zukunft herein will … Hingabe an das, was man göttliche Weisheit in den Ereignissen nennt; Hervorrufen in sich selber immer wieder den Gedanken, die Empfindung, den Impuls des Gemütslebens, dass das, was da kommen werde, sein muss, und dass es nach irgendeiner Richtung seine guten Wirkungen haben müsse: das Hervorrufen dieser Stimmung in der Seele und das Ausleben dieser Stimmung in Worten, in Empfindungen, in Ideen, das ist … die Stimmung des Ergebenheitsgebetes.[51]

VII
GROSSE ZEICHEN VOM HIMMEL

Als Christus seine Wiederkunft vorhersagte, sprach er die Worte: »Und dann wird das Zeichen des Menschensohnes am Himmel erscheinen. Und dann werden alle Geschlechter auf Erden wehklagen und sie werden den Menschensohn auf den Wolken des Himmels kommen sehen mit großer Kraft und Herrlichkeit« (Mt 24,30).

Was ist das »Zeichen des Menschensohnes am Himmel«? Die drei Weisen aus dem Morgenland, die Gaben brachten, um dem neugeborenen Jesuskind zu huldigen, konnten das »Zeichen des Messias am Himmel« in der Nacht seiner Geburt lesen. Die drei Weisen waren die letzten Repräsentanten der alten Sternenweisheit, die von Zoroaster in Babylon im sechsten Jahrhundert v. Chr. inauguriert worden war. Zoroaster kann man eine echte Intuition zusprechen, die zu der Definition des siderischen Tierkreises führte, der in der alten Sternenweisheit angewandt wurde. An anderer Stelle habe ich die enge Beziehung zwischen Zoroaster und den drei Weisen und dem Jesuskind beschrieben.[52]

In Verbindung mit der Ankündigung Christi sind wir aufgerufen, auf den Sternenhimmel zu schauen und die Zeichen seiner Wiederkunft zu lesen, so wie die drei Weisen vor 2000 Jahren aus den Sternen seine Geburt auf Erden lasen. Während es aber vor zweitausend Jahren die Geburt Jesu Christi in einem physischen Leib war, kommt jetzt der Menschensohn auf den »Wolken des Himmels«, ein Ausdruck, der die Aufmerksamkeit auf das Ätherreich der Lebenskräfte lenkt. Mit anderen Worten: Die Wiederkunft bedeutet die Wiederkehr Christi in seinem Ätherleib in der Biosphäre, die die Erde wie eine unsichtbare Matrix der Natur umgibt. Um die Wiederkunft zu verstehen, müssen wir uns ein Verständnis des Lebensleibes (Ätherleibes) erwerben, der den physischen Leib und das Reich durchdringt, zu dem er gehört, nämlich die Ätheraura der Erde, die sich in der Biosphäre zeigt.

Der Ätherleib, der der hellsichtigen Schau als eine Lichtaura erscheint, die den physischen Leib durchdringt, trägt im Verlauf des menschlichen Lebens auf der Erde verschiedene Rhythmen, wie die Atmung und den Herzschlag. Sie enden im Moment des Todes, wenn der Ätherleib sich vom physischen Leib trennt und den letzteren als Leichnam zurücklässt. Dieser strahlende Lebensleib ist auch der Träger des Gedächtnisses. Denn, wie viele Menschen, die »Nahtod-Erlebnisse« hatten, beschrieben haben, erfährt der Mensch im Todesaugenblick eine panoramaartige Rückschau seines Lebens. Alle während des Lebens gesammelten Erinnerungen kommen plötzlich, aufgrund der Ablösung des Ätherleibes vom physischen Leib, wie ein Tableau hervor. Das ist ein Ergebnis des Wechsels der Bewusstseinsebene, weil der Mensch jetzt dem Ätherleib, nicht mehr dem physischen Leib einwohnt. Nach Rudolf Steiners Beschreibung dauert die Erfahrung dieses »Erinnerungstableaus« im Ätherleib ungefähr drei Tage, bis der Ätherleib wieder aufgenommen wird in den kosmischen Äther (»Wolken des Himmels«).[53]

Der Mensch hat im nachtodlichen Leben weiterhin intensive Erfahrungen. Es beginnt eine Zeit der Läuterung von irdischen Erfahrungen. Im Osten ist dies als das Kamaloka bekannt und in traditioneller christlicher Terminologie als Fegefeuer. Es beinhaltet das Wiederaufleben einer jeden irdischen Erfahrung, und zwar in umgekehrter Ordnung, im Lichte des moralischen Gewissens. Es ist die Erfahrung eines Gerichts, eigentlich ein Sich-selbst-Richten durch das Erwachen des Gewissens. Diese Erfahrung beginnt kurz nach dem Tod, bleibt aber gewöhnlich während der ersten vierzig Tage des Umbruchs nach dem Tod im Dunkeln. Das volle Erwachen des Gewissens und der Gerichtserfahrung beginnt etwa vierzig Tage nach dem Tod. Eine gewisse Kenntnis der Bedeutung dieser ersten vierzig Tage im Leben nach dem Tod hat sich in der Orthodoxen Kirche erhalten, wo es Sitte ist, nach vierzig Tagen einen Gedächtnisgottesdienst für den Verstorbenen zu halten. Ein Urbild für diese Zeit der vierzig Tage finden wir im Leben des Auferstandenen in den vierzig Tagen von der Auferstehung bis zur Himmelfahrt. Während dieser Zeit blieb der Auferstandene nur in der Erdenaura und erschien oft den Aposteln und Jüngern. Im Vorgang der »Himmelfahrt« ging er dann, wenn auch in der Erdenaura verbleibend, in den Bereich der Engel, wie die Erscheinung der beiden Engel bei der Himmelfahrt andeutet (Apg 1,9). Wenn wir diesem Urbild folgen, gibt es im nachtodlichen Leben für jeden

Menschen eine Zeit des Überganges von vierzig Tagen, einen Übergang von der Erdenaura in den Bereich der Engel, wo das eigentliche Gericht beginnt (Kamaloka/Fegefeuer).

Die Tatsache, dass der Auferstandene während der vierzig Tage nach der Auferstehung in fest umrissener Offenbarungsgestalt seinen Jüngern erscheinen konnte, zeigt, dass in seinem Fall, im Gegensatz zu dem gewöhnlichen Lauf der Ereignisse für die meisten Menschen, sein Ätherleib sich nicht nach drei Tagen im Kosmos auflöste. Stattdessen blieb sein Ätherleib, der alle Erinnerungen seines Lebens enthält, unversehrt und war nach dem Mysterium von Golgatha weiter wirksam. Dieser Ätherleib ist jetzt, mit der Wiederkehr Christi in eben diesem Leib, für uns von besonderem Interesse.

Eine exakte Datierung des Lebens Jesu Christi zeigt, dass von der Geburt bis zum Mysterium von Golgatha ein Zeitraum von genau 33⅓ Jahren lag.[54] Dieser Rhythmus, der mit einem Planeten-Rhythmus, z. B. mit dem 29½-jährigen Saturnumlauf durch den siderischen Tierkreis, verglichen werden kann, liefert den Schlüssel zur Wiederkunft des Christus im Ätherischen.

Im Sinne eines modernen »Weisen aus dem Morgenland«, der auf die kosmischen Zeichen der Wiederkehr des Menschensohnes auf den Wolken des Himmels blickt, können wir – wie bereits dargelegt – dem 33⅓-jährigen Rhythmus als einer Art (unsichtbaren) planetarischen Rhythmus in der Geschichte folgen. Gehen wir von der Himmelfahrt 33 n. Chr. aus, breitete sich Christi Ätherleib in den Kosmos hinein aus, bis er die äußerste Grenze des Äther-Kosmos nach achtundzwanzig 33⅓-Jahreszyklen im Jahre 966 erreichte, was den Wendepunkt anzeigte. Dann begann eine Zusammenziehung und der Abstieg des Ätherleibes, eine Rückkehr zur Erde, wieder durch achtundzwanzig 33⅓-Jahreszyklen, bis er 1899 zur Ätheraura der Erde zurückkehrte. (siehe Abb. auf S. 15). Die Wiederkehr Christi war von den Engeln bei der Himmelfahrt vorhergesagt worden mit den Worten: »Ihr Männer von Galiläa, was steht ihr da und seht zum Himmel? Dieser Jesus, der von euch in den Himmel aufgenommen wurde, wird wiederkommen, wie ihr ihn in den Himmel habt auffahren sehen« (Apg 1,11).

Das Jahr 1899 bezeichnete so einen ganz entscheidenden Wendepunkt in der Geschichte, das Ende eines Zeitalters (im Osten als Kali Yuga, das Finstere Zeitalter, bekannt) und den Beginn des Neuen Zeitalters, des Lichten Zeitalters. Dieser Übergang, der 1899 begann und der die ganze Erde betrifft, kann mit einer Art Todeserfahrung verglichen werden, es war der Beginn einer Trennung zwischen dem physischen Leib und dem Ätherleib der Erde. Und so wie das Leben der Seele nach dem Tod des Menschen durch verschiedene Stufen verfolgt werden kann, so kann das Neue Zeitalter der Erde seit 1899 verfolgt werden. Aber bevor wir dies tun, ist es nützlich, den Begriff »Neues Zeitalter« zu klären, zumal er jetzt in aller Munde ist (»New Age«).

Rudolf Steiner war wohl der erste, der den Ausdruck »Neues Zeitalter« benutzte, und zwar im Zusammenhang seiner Vorträge über die wahre Natur der Wiederkunft.[55] Das hat mit Christi Wiederkehr in seinem Ätherleib in die Erden-Äther-Aura zu tun, die auf das Jahr 1899 datiert werden kann. Das Neue Zeitalter, das 1899/1900 begann, könnte das Zeitalter der Wiederkunft genannt werden. Da aber die erste 33⅓-Jahresperiode dieses Neuen Zeitalters eine Zeit der Wiedereinkörperung von Christi Ätherleib in die Erden-Äther-Aura war, begann für die Menschheit das Zeitalter der Wiederkunft in einem gewissen Sinne erst 1933. Das war das Datum, das durch Rudolf Steiner für den Beginn einer neuen Art von ätherischem Hellsehen angekündigt wurde, mit dem man die Wiederkunft Christi wahrnehmen kann.[56] Um ein Bild zu gebrauchen: 1899 könnte als die »Morgenröte« des Neuen Zeitalters bezeichnet werden und 1933 als der »Sonnenaufgang«, als die Sonne der Gerechtigkeit, Jesus Christus, wieder den Menschen sichtbar wurde in derselben Weise, wie er sich den Aposteln und Jüngern während der vierzig Tage zwischen Auferstehung und Himmelfahrt offenbart hatte.

Deshalb ist klar, dass das Neue Zeitalter nicht mit dem Wassermann-Zeitalter gleichgesetzt werden kann, wie es allgemein verkündet wird. Die »New Age«-Bewegung, die im 20. Jahrhundert aufkam, verkündet mit Recht, dass das Neue Zeitalter begann, sie irrt sich aber darin, es mit dem Wassermann-Zeitalter gleichzusetzen, das nicht vor dem Jahr 2375 beginnen wird. Trotzdem führt das Neue Zeitalter die Menschheit in das Wassermann-Zeitalter. Auf dieses Verhältnis des Neuen Zeitalters zum Wassermann-Zeitalter wollen wir jetzt unsere Aufmerksamkeit lenken, und zwar mit Hilfe der Analogie zwischen dem Leben des Menschen nach dem Tod und dem Prozess der Trennung des Physischen vom Ätherischen, der (seit 1899) hinsichtlich der Erde als ganzer stattfindet.

Betrachten wir das nachtodliche Leben des Menschen, so sind die ersten drei Tage damit ausgefüllt, das Tableau der Erinnerungen der Biographie, die sich von der Geburt bis zum Tod erstreckte, aufzunehmen. Was sind nun die »Tage« in Bezug auf die Wiederkunft Christi?

Für den Menschen ist der tägliche Rhythmus von Tag und Nacht der Rhythmus des Ich, die Woche ist der Rhythmus des Astralleibes, und der Monat ist der Rhythmus des Ätherleibes.[57] Für Christus ist, wie ich oben dargelegt habe, der Rhythmus des Christus-Ich der 12-jährige Jupiter-Rhythmus. Die 29½-jährige Saturnperiode ist der Rhythmus von Christi Astralleib, und der 33 ⅓-jährige Rhythmus ist der Rhythmus von Christi Ätherleib (siehe die Tabelle auf S. 53). Deshalb ist der 12-jährige Jupiter-Rhythmus relevant für die Entfaltung des »Tages« des »Weltgerichtes«, das mit dem 20. Jahrhundert begann, oder besser: mit dem letzten Vollmond des 19. Jahrhunderts. Dieser fand am 17. Dezember 1899 statt, als Sonne und Saturn in Konjunktion miteinander traten. An diesem Tag trat Jupiter (heliozentrisch) in den siderischen Skorpion ein. Von diesem Zeitpunkt ab können wir die »Tage« des Christus im Jupiterumlauf durch den siderischen Tierkreis verfolgen. (Es würde an dieser Stelle zu weit von unserem Thema abführen, die tiefere Bedeutung des heliozentrischen Eintritts in den siderischen Skorpion eingehender darzulegen.) Die genaue siderische Zeitdauer des Jupiterumlaufs durch den Tierkreis beträgt 11,86 Jahre. Wenn wir jeden Umlauf als einen »Tag« nehmen, so betragen drei »Tage« 35½ Jahre.

Wenn wir die ersten drei Tage nach dem Tod des Menschen mit den ersten drei »Tagen« des Neuen Zeitalters in Beziehung setzen, so sehen wir, dass sich diese drei »Tage« vom Ende des Jahres 1899 bis zur Mitte des Jahres 1935 hin erstrecken (einem wichtigen Datum, das auch von Rudolf Steiner im Zusammenhang mit der Wiederkunft erwähnt wurde[58]).

Im Hinblick auf diese »Todeserfahrung« der Erde als ganzer waren, mit dem Beginn der Trennung der Erden-Äther-Aura von der physischen Erde in den Jahren 1899/1900, diese drei »Tage« eine Zeit der panoramaartigen Rückblende auf die Geschichte der Erde als ganzer. Etwas davon finden wir in Rudolf Steiners Anthroposophie verkörpert, die in dieser Zeit aufkam und einen Umriss der gesamten spirituellen Geschichte der Erde enthält, in dem das Mysterium von Golgatha Angelpunkt und Mitte bildet. Die Geburt der Anthroposophie in den Jahren 1900 bis 1925, dem Todesjahr Rudolf Steiners, kann als in direktem Zusammenhang mit der Wiederkunft Christi stehend gesehen werden.

Wie passt diese Analogie der »Tage« im Neuen Zeitalter, wenn wir auf die vierzig Tage des Umbruchs blicken, die dem Tod folgen und zum Beginn des eigentlichen Kamaloka führen, zu dem Eintritt des Menschen in den Bereich der Engel etwa vierzig Tage nach dem Tod? Vierzig Jupiter-»Tage« ergeben 474½ Jahre (= 40 x 11,86). Fügen wir dies zu 1900 hinzu, so gelangen wir zum Jahr 2374. Wie schon erwähnt, beginnt das Tierkreiszeitalter des Wassermann im Jahr 2375. In diesem Sinne führt das Neue Zeitalter in das Wassermann-Zeitalter. Die vierzig »Tage« des Umbruchs von 1900 bis 2374 umfassen die Periode der *Trübsal*, auf die Christus bei der Ankündigung seiner Wiederkunft hinweist (Mt 24, 3-28). »Sogleich aber nach der Trübsal ... werden die Kräfte der Himmel ins Wanken kommen. Und dann wird das Zeichen des Menschensohnes am Himmel erscheinen« (Mt 24, 29f.). Mit dem Eintritt des Frühlingspunktes in den Wassermann »wird er seine Engel senden« (Mt 24, 31), entsprechend dem Eintritt des Menschen in das Reich der Engel vierzig Tage nach dem Tod.

Im Geiste der Weisen aus dem Morgenland, die das Zeichen des Messias in der Nacht seiner Geburt am Himmel sahen, haben wir hier versucht, »das Zeichen des Menschensohnes am Himmel«, das sich auf die Wiederkunft des Christus bezieht, zu entziffern. Das erfordert eine Kenntnis der Rhythmen der verschiedenen Wesensglieder des Christus, wie z. B. des 33⅓-Jahresrhythmus seines Ätherleibes und des 12-jährigen Jupiter-Rhythmus von Christi Ich. Das wiederum führt uns zu einem Verständnis des Neuen Zeitalters, des Zeitalters der Wiederkunft, das zum Wassermann-Zeitalter hinführt. Der Eintritt des Frühlingspunktes in den siderischen Wassermann ist das »Zeichen des Menschensohnes am Himmel«. Und der »Wassermann« im Menschen ist der fließende Ätherleib (im Gegensatz zu dem festen physischen Leib). Im Aufblick zum siderischen Wassermann-Zeichen am Himmel wird ein Bild des Auferstandenen in seinem Ätherleib hervorgerufen, der das lebendige Wasser ausströmt, »ein Quell des Wassers, das in das ewige Leben quillt« (Jo 4, 14). Hier sehen wir die Beziehung zwischen dem Neuen Zeitalter, in seinem wahren Sinn verstanden, und dem Tierkreiszeitalter des Wassermann.

Indem wir das Neue Zeitalter als das Zeitalter der Wiederkunft ansehen, wollen wir jetzt näher auf den ersten Teil des Neuen Zeitalters blicken und auf die Stufen der »Inkarnation«, genauer: der »Wieder-Ver*leib*lichung« des Christus, eben in seinem Äther*leib*. Als Antwort auf die Frage seiner Jünger nach der Wiederkunft sprach Jesus Christus von Kriegen, Erdbeben, Hungersnöten, Pest und »großen Zeichen am Himmel« (Lk 21, 11). Das Neue Zeitalter der Wiederkunft begann 1899 entsprechend Rudolf Steiners Datierung. Es ist charakterisiert durch den 33⅓ Jahres-Rhythmus des Lebens Jesu Christi, wobei immer die letzten 3½ Jahre eines jeden 33⅓ Jahres-Rhythmus von besonderer Bedeutung sind.[59] Diese speziellen 3½ jährigen Perioden von Christi Ätherleib im 20. Jahrhundert waren bzw. sind:

(1) 29. Juni 1929 – 8. Januar 1933
(2) 27. Oktober 1962 – 9. Mai 1966
(3) 24. Februar 1996 – 6. September 1999

In jedem Fall geht es um ein erneuertes Wirken des ätherischen Christus, das gleichzeitig von Gegenkräften bekämpft wird. Diese Perioden sind zeitliche Brennpunkte, was nicht bedeutet, dass der ätherische Christus und die Gegenkräfte nicht auch zu anderen Zeiten aktiv sind.

Die dritte Periode ist die bedeutsamste der drei, da sie einen Höhepunkt des Wirkens des ätherischen Christus darstellt, der nun auf der Willensebene wirkt, nachdem er sich durch die Ebenen (1) des Denkens und (2) des Fühlens »inkarniert« hat. Die Bedeutung der dritten Periode (3), vor allem das Ende dieser Zeit (im September 1999, wie wir zeigten), wurde von Rudolf Steiner schon im Jahr 1911 erwähnt, wie wir in der Einführung dargelegt haben.

Die Bedeutung der dritten Periode (3), die eine Neubelebung des 3½-jährigen Wirkens Christi im Ätherischen bedeutet, wurde durch die Erscheinung des Kometen Hyakutake hervorgehoben, der (Ende Februar 1996) den Beginn dieser 3½ Jahre am Ende des 20. Jahrhunderts ankündigte. Dies war das erste Zeichen am Himmel. Das zweite Zeichen war die Erscheinung des Kometen Hale-Bopp genau ein Jahr später, der den Beginn des zweiten Jahres (Ende Februar 1997) der 3½ Jahre des Wirkens des ätherischen Christus anzeigte. Das dritte Zeichen war die totale Sonnenfinsternis am 26. Februar 1998, die den Beginn des dritten Jahres des Wirkens des ätherischen Christus anzeigte.

Die positive Bedeutung dieser Sonnenfinsternis besteht darin, dass sie eine Intensivierung des Eintritts des Christus in das Ätherische anzeigte, der jetzt für die Erlösung von Mutter Erde wirkt. So wie damals, als Jesus Christus vor zweitausend Jahren die Stadt Jerusalem betrat – zu dieser Zeit, am 19. März 33 n. Chr., fand eine Sonnenfinsternis statt, die in Jerusalem nicht sichtbar war –, so kann die Sonnenfinsternis am 26. Februar 1998 als eine wichtige Stufe auf dem Weg des ätherischen Christus angesehen werden, der jetzt den Herrschaftsbereich des Neuen Jerusalem betritt und sein Reich errichtet: »einen neuen Himmel und eine neue Erde« (Apk 21, 1). Damit steigen himmlische Kräfte herab und durch das die Erde verwandelnde Werk des ätherischen Christus entsteht eine Neue Erde. Als Folge davon unterliegt Mutter Erde Geburtswehen, und mit jeder Kontraktion geschieht eine neue Öffnung und aus den Tiefen bricht etwas hervor, das (in gewisser Hinsicht) bis jetzt vor den Strahlen der Sonne verborgen war und das auch das Licht und die Wärme der Sonne der Gerechtigkeit nicht erreichte. So kommt es, dass im Verlauf des 20. Jahrhunderts deutliche Offenbarungen des Bösen heraufkamen und weiter aus dem Abgrund aufsteigen werden.

In der ersten Periode (1) war es vor allem der Wille des Antichristen, der sich in Gestalt des Nazi-Tieres aus dem Abgrund erhob. (Der Ausdruck »Antichrist« wird hier benutzt, um eine Personifizierung der Kraft der Opposition zum ätherischen Christus zu bezeichnen.) In der zweiten Periode (2) offenbarte sich das Gefühlsleben des Antichristen in verschiedenen Weisen, vor allem in dem Heraufkommen der Drogenkultur. In der dritten Periode (3) wird vor allem das Gedankenleben des Antichristen offenbar: Ein Beispiel dafür ist das Heraufkommen von Cyberspace, ein Gedankenreich, das weit entfernt ist von göttlicher Realität. (Cyberspace wird hier nur erwähnt als ein Aspekt des ganzen Komplexes verwandter Phänomene). Natürlich ist Cyberspace nicht in sich selbst schlecht, nicht mehr als Drogen in sich selbst schlecht sind. Und wie es eine richtige Anwendung von klinisch-medizinischen Drogen gibt, gibt es auch ein richtiges Umgehen mit Cyberspace. Das »Wie« des rechten Gebrauchs ist die alles entscheidende Frage.

Kehren wir zur totalen Sonnenfinsternis am 26. Februar 1998 zurück (tatsächlich beziehen sich die folgenden Bemerkungen auf alle Sonnenfinsternisse):

(a) Die Zeit der Verdunkelung der Sonnenstrahlen ist eine Zeit, in der negative Aspekte des Seins hervorkommen können.
(b) Die Verdunkelung der Sonnenkräfte kann beim Menschen die eigenen inneren Sonnenkräfte hervorrufen, die vor allem mit dem Willen zu tun haben. Was aus dem menschlichen freien Willen hervorgerufen werden muss, ist die Dankbarkeit für die Mysterien der Sonne, die im Wesentlichen dreifacher Natur sind:
(1) Die Sonne ist nicht nur die Quelle des Lichtes, des Lebens und der Wärme, sie ist auch die äußere Erscheinung des Reiches des Himmels, ein Wohnsitz erhabener geistiger Wesen.
(2) Die Sonne selbst ist sichtbarer Ausdruck des Gottessohnes, des Christus-Mysteriums.
(3) Die Sonne weist uns auf den »Menschensohn« hin, den ätherischen Christus, der darauf hinwirkt, das Herzchakra im Menschen zu öffnen – das Herz ist das Zentrum im Menschen, was der Sonne als dem Herzen des Sonnensystems entspricht –, und den man sich als eine strahlende Sonne, die jetzt innerhalb der Biosphäre der Erde wirksam ist, vorstellen kann.

Es ist in der Tat zur Zeit einer Sonnenfinsternis immer passend, das Bild von Jesu Christi siegreichem Einzug in Jerusalem im Bewusstsein zu haben, da dieses Ereignis historisch an einem Tag der Sonnenfinsternis stattfand. Auf diese Weise können die wichtigsten Eigenschaften kultiviert werden, mit denen der ätherische Christus uns verbinden kann: Ehrfurcht, Mitleid(en) und Gewissen; Ehrfurcht vor dem göttlichen Mysterium des Seins in all seinen Aspekten; Mitleid(en) für Mutter Erde und alle mit ihr verbundenen Wesen, die alle Erlösung suchen, und ein geschärftes Gewissen als wacher Sinn für das Gute. Ein wachsames Gewissen ist vor allem zur Zeit einer Sonnenfinsternis wichtig, weil dann die Wärme und das Licht der Sonne ausgeschaltet sind und kalte und finstere Kräfte versuchen können, Eintritt ins menschliche Bewusstsein zu erhalten. Darum ist es so wichtig, sich der eigenen inneren Sonne bewusst zu werden, die wie die äußere Sonne immer brennt und lodert und nur verdunkelt wird, wenn das Gewissen in Schlaf gelullt ist. Die Frage ist: Was war das Besondere gerade an der Sonnenfinsternis vom 26. Februar 1998? War es nicht genau so eine Sonnenfinsternis wie jede frühere?

Was sie zu einer besonderen Sonnenfinsternis machte, war die zeitliche Verbindung mit den 3 ½ Jahren des Wirkens des ätherischen Christus. Sie gehört zu einer besonderen Zeitordnung. Es ist das dritte Zeichen nach Hyakutake und Hale-Bopp. Mit dieser Sonnenfinsternis begann eine große Unterweisung über göttliche Liebe als dem Grund allen Daseins einzufließen, eine Unterweisung, die an solche Herzen gerichtet ist, die dafür offen sind. Darüber hinaus öffnet sich Mutter Erde, um diese Gabe göttlicher Liebe zu empfangen, und wir sind aufgerufen, Wärme und Mitleid(en) für Mutter Erde zu empfinden, da sie sich öffnet und ihre Geburtswehen der Umwandlung durch das Wirken des ätherischen Christus durchleidet. Im Zuge der Sonnenfinsternis, in der darauf folgenden Zeit, werden viele Dinge enthüllt und aufgedeckt, gesehen und verstanden, erspürt und gefühlt werden, die das Mysterium der göttlichen Liebe betreffen.

Dies ist die positive Seite, die mit der Vorbereitung auf das große Christus-Ereignis im September 1999 zu tun hat, auf das sich Rudolf Steiner nicht explizit, aber implizit bezieht, wenn er »vom Ende des zwanzigsten Jahrhunderts« spricht (siehe Einleitung, S. 9). Ein bedeutsamer Augenblick auf dem Weg zu diesem Ereignis ist, in der *Chronik des lebendigen Christus*, die Erinnerung an die Auferweckung des Lazarus. Historisch fand dieses Ereignis am Samstag, den 26. Juli 32 n. Chr., statt. Im gegenwärtigen Wirken des ätherischen Christus (Periode 3) wurde dieses Ereignis in der Ätherwelt Weihnachten 1998 erneuert.[60]

Ihm folgt eine totale Sonnenfinsternis am 11. August 1999, die bis auf wenige Tage (in der Chronik des ätherischen Christus) genau, mit der kosmischen Erinnerung des Einzugs Jesu Christi in Jerusalem zusammenfällt. Darüber hinaus ist dies die letzte totale Sonnenfinsternis im 20. Jahrhundert, und wegen ihrer Sichtbarkeit (in Frankreich, Deutschland und Österreich) wird sie die »europäische Sonnenfinsternis« genannt. Für diese totale Sonnenfinsternis gelten ähnliche Überlegungen wie für die Sonnenfinsternis vom 26. Februar 1998, mit der zusätzlichen Bedeutung, dass die totale Sonnenfinsternis vom 11. August 1999 in der Chronik des ätherischen Christus, wie gesagt, mehr oder weniger mit dem Einzug Jesu in Jerusalem zusammenfällt.

Um diese bedeutende Tatsache noch näher zu präzisieren, betrachten wir das historische Ereignis des feierlichen Einzugs Jesu Christi in Jerusalem einmal etwas genauer, wie ich es in meinem Buch »Chronik des lebendigen Christus« beschrieben habe. Es ereignete sich historisch am Donnerstag, dem 19. März im Jahre 33 n.Chr., genau zwei Wochen vor Gründonnerstag, und wird jedes Jahr am Palmsonntag gefeiert. Am 19. März 33 n.Chr. fand eine totale Sonnenfinsternis statt, die in der Antarktis begann und im Indischen Ozean endete, ohne den afrikanischen oder den indischen Kontinent zu berühren. Sie war also in Jerusalem nicht sichtbar. Dennoch war es von Bedeutung, dass Christus Jesus als der wahre »König der Welt« zur Zeit einer totalen Sonnenfinsternis in die Stadt Jerusalem feierlich einzog. Gerade als in der Erdenaura das Licht der Sonne durch den Mond zugedeckt wurde, trat Christus Jesus als das »Licht der Welt« auf – und zwar als das geistige Sonnenlicht. Es wäre wichtig, die »Palm-Sonntag«-Imagination bei jeder Sonnenfinsternis innerlich aufzurufen – und ganz besonders wichtig am 11. August 1999, wie aus den folgenden Entsprechungen ersichtlich wird:

Entsprechungen der historischen mit den jetzigen Daten:

Ereignis	*Historisches Datum*	*Datum am Ende des 20. Jahrhunderts (»kosmische Erinnerung«)*
Jordantaufe	Fr. 23. September 29	Fr. 23. Februar 1996
Auferweckung des Lazarus	Sa. 26. Juli 32	Sa. 26. Dezember 1998
Einzug in Jerusalem	Do. 19. März 33	Do. 19. August 1999
Kreuzigung	Fr. 3. April 33	Fr. 3. September 1999
Auferstehung	So. 5. April 33	So. 5. September 1999

Aus dieser Tabelle ersehen wir, dass die »kosmische Erinnerung im Ätherischen« in Bezug auf den feierlichen Einzug Jesu Christi in die Stadt Jerusalem am 19. August 1999 eintreten wird: in großer zeitlicher Nähe zur totalen Sonnenfinsternis am 11. August 1999.

Die Sonnenfinsternis am 11. August 1999 geht dem kulminierenden Golgatha-Ereignis unmittelbar voraus: dem Mysterium von Golgatha im Ätherischen (3.-5. September 1999), in dieser letzten Periode des erneuerten Wirkens des ätherischen Christus im 20. Jahrhundert. Es deutet hin auf ein Gralsereignis für die ganze Erde: ein Hereinströmen göttlicher Liebe, wobei die ganze Erde ein Gralsgefäß wird, um diesen Strom aufzufangen. Es ist ein Ziel dieses Buches, die Aufmerksamkeit auf dieses Ereignis zu richten, das eine »ebenso grundlegende Bedeutung für die Entwickelung der Menschheit haben [wird], wie das Ereignis von Palästina im Beginne unserer Zeitrechnung« (R. Steiner, s.o.).

Dieses Ereignis bedeutet eine Grundsteinlegung zumindest für die nächsten zweitausend Jahre des Christentums, so wie das Mysterium von Golgatha den Grundstein legte für die vergangenen zweitausend Jahre. Dieses Ereignis, das die Erde und die Menschheit auf den rechten Weg für die Zukunft bringt, ist das *Hauptereignis* unserer Zeit, dem allerdings entgegengearbeitet wird durch das *zweite Ereignis*, die Inkarnation des Antichristen, der versucht, die Erde und Menschheit vom rechten Lauf der Entwicklung abzubringen. In der jüdisch-christlichen Tradition wird der Antichrist gewöhnlich mit Satan identifiziert. Es ist aber auch erhellend, die alte persische Tradition zu betrachten, die Satan als Ahriman darstellt. In der zoroastrischen (persischen) Tradition wird Ahriman beschrieben als der *böse Zwilling* von Ahura Mazdao, der als eine vorchristliche (vorinkarnatorische) Gestalt des Christus angesehen werden kann. Entsprechend ist Ahriman als Satan anzusehen. Die alten zoroastrischen Texte beschreiben, wie Ahriman Ahura Mazdao herausforderte, indem er sagte, dass er über alle, die zu Ahura Mazdao gehören, über alle menschlichen Seelen (verglichen mit Heerscharen leuchtender Sterne am Firmament), siegen werde, indem er sie von ihrer Verbindung mit Ahura Masdao, dem sie eigentliche gehören, wegführen und auf seine Seite ziehen würde. Ahura Mazdao akzeptierte die Herausforderung, setzte aber für die Konfrontation eine zeitliche Begrenzung.

Wenn wir dies so deuten, dass wir es auf den Kampf zwischen Christus (Ahura Mazdao) und Satan (Ahriman) anwenden, so scheint der Termin (terminus ante quem), der für diese zeitliche Begrenzung gesetzt ist, sehr nahe zu sein. Offensichtlich muss die Inkarnation Ahrimans als der Höhepunkt der Konfrontation *vor* diesem Termin stattfinden; in dem Kapitel über »Die Wiederkunft und die kommende Versuchung der Menschheit« haben wir dargelegt, dass es das Jahr 2047 ist. Rudolf Steiners Feststellung, dass die Inkarnation Ahrimans kurz nach dem Beginn des dritten Jahrtausends stattfinde, wirft Licht auf den spirituellen Hintergrund der augenblicklichen Weltsituation, zumindest nach dieser Interpretation. Von diesem Standpunkt aus gesehen finden offensichtlich, nach außen hin, fieberhafte Vorbereitungen statt für die Inkarnation Ahrimans, des Fürsten der Finsternis; innerlich wird das Gralsereignis vorbereitet, das mit Christi Wiederkunft verbunden ist. Dies bedeutet, dass jetzt eine Schlacht von apokalyptischen Dimensionen stattfindet, eine Schlacht, von der die Zukunft der Erde und der Menschheit abhängt. Diese Schlacht wird von Menschen geschlagen, die oft gar nichts davon wissen, dass sie »Werkzeuge« in einem titanischen Kampf sind. Wenn sie, ohne es zu wissen, die Ziele des Fürsten der Finsternis fördern, gelten für sie die Worte: »Vater, vergib ihnen, denn sie wissen nicht, was sie tun.« Wie können sie aber wissen, was sie tun, wenn sie keine geistige Orientierung besitzen?

Die Apokalypse, wie sie in der Offenbarung des Johannes beschrieben ist, gibt genügend Hinweise darauf, wenn man die Bilder richtig deuten kann, nämlich als Beschreibung einer prophetischen Sicht der Geschichte. Wo aber sollen wir beginnen, wenn wir diese mächtigen Bilder der Apokalypse deuten wollen?

Wir verdanken Rudolf Steiner sehr konkrete Zeitangaben im Hinblick auf das 12. Kapitel der Offenbarung. Der entsprechende biblische Text folgt nach dem Hinweis auf das große Zeichen am Himmel, das sich auf die göttliche Sophia bezieht: »Eine Frau, mit der Sonne bekleidet, der Mond unter ihren Füßen, und auf ihrem Haupt eine Krone von zwölf Sternen« (Apk 12, 1). Er lautet:

> Und es erhob sich ein Streit im Himmel. Michael und seine Engel kämpften mit dem Drachen; und der Drache kämpfte und seine Engel, und sie siegten nicht und verloren ihren Platz im Himmel. Und es wurde hinausgeworfen der große Drache, die alte Schlange, die da heißt der Teufel und Satan, der die ganze Welt verführt. Er wurde auf die Erde geworfen und mit ihm seine Engel. (Apk 12, 7-9).

In seinen Vorträgen »Der Sturz der Geister der Finsternis«[61] beschreibt Rudolf Steiner, wie der »Kampf im Himmel« ungefähr vierzig Jahre dauerte und im Jahr 1879 mit dem Beginn des neuen Michael-Zeitalters kulminierte. Nimmt man dieses Datum zusammen mit dem Beginn eines Neuen Zeitalters der Wiederkunft im Jahr 1899, dann wird ein umfassendes Verständnis der Bilder im 12. Kapitel der Offenbarung möglich. Es zeigt sich, dass die göttliche Sophia auftrat, um »zu gebären«. Das heißt: So wie Jesus von Maria vor zweitausend Jahren geboren wurde, so bereitet sich jetzt, auf einer kosmischen Ebene, die göttliche Weisheit auf die Geburt des ätherischen Christus vor. Es war Rudolf Steiners Aufgabe als Begründer der Anthroposophie, die als ein moderner Abkömmling der göttlichen Sophia angesehen werden kann, den Weg für die bevorstehende Geburt des ätherischen Christus zu bereiten. Hierbei wurde er vom Erzengel Michael unterstützt.

Es gibt eine indirekte Bestätigung für Rudolf Steiners Datierung des »Kampfes im Himmel« auf den 40-Jahreszeitraum, der im Jahr 1879 kulminierte. Unmittelbar vor dem Kampf im Himmel beschreibt das 12. Kapitel der Offenbarung das Erscheinen des »großen Zeichens im Himmel«, das sich auf die göttliche Sophia bezieht. Die göttliche Sophia ist die Trägerin der Himmelskräfte, die von oben herabsteigen, als die Braut des Lammes, die den »neuen Himmel« bringt, der sich mit der »neuen Erde« verbinden soll, die, so das 21. Kapitel der Offenbarung, durch das Lamm geschaffen ist.

Die göttliche Sophia hat sich im wesentlichen mit ihrem Beitrag zur Weltentwicklung zurückgehalten und den rechten Augenblick abgewartet, um die Himmelskräfte von oben herunterzubringen.

Nimmt man dieses apokalyptische Bild als eine Arbeitshypothese, so erhebt sich die Frage, wie die folgenden Ereignisse dazu passen, so die Aussage: »Als der Drache sah, dass er geworfen war auf die Erde, verfolgte er die Frau« (Apk 12, 13). Oder wie einige Verse später festgestellt wird: »Und der Drache wurde zornig über die Frau und ging hin, mit den Übrigen von ihrem Geschlecht zu kämpfen« (Apk 12, 17).

Das könnte sich auf verschiedene Ereignisse in unserer Zeit beziehen. Im Lichte des Vorangegangenen zeigt es eine deutliche Beziehung zu dem Aufstieg des Nazi-Tieres und zu dessen Folge, dem Zweiten Weltkrieg. Wie oben dargelegt, war das Nazi-Tier eine Offenbarung des Willens des Antichristen (Ahriman, Satan oder der Drache). Seitdem das Werk Rudolf Steiners als eines Dieners der göttlichen Sophia und des ätherischen Christus vor allem in Deutschland Wurzeln schlug – Rudolf Steiner war bekanntlich Österreicher –, schlug auch der Gegenimpuls eines Österreichers in Deutschland mit außerordentlicher Gewalt zurück.

Diese Interpretation richtet sich zugegebenermaßen nur auf *einen* Aspekt des Bildes des kämpfenden Drachen. (Wir könnten noch einen weiteren Aspekt betrachten. Aber es würde zu weit abführen, hier in Einzelheiten zu gehen. Es ist die Herrschaft des Kommunismus, die gegen den Impuls der göttlichen Sophia in Russland kämpfte – wir denken dabei an die Bedeutung Wladimir Solowjews, des Begründers der russischen Sophiologie, als eines Boten der göttlichen Sophia für das russische Volk.) Wenn wir diese Interpretation akzeptieren und weiter auf den Verlauf des 20. Jahrhunderts blicken, ist es offensichtlich, dass der Krieg führende Drache in der Tat ein wildes Geschöpf ist. Allerdings ist dies nur eine Vorbereitung für das, was dann im 13. Kapitel der »Offenbarung« folgt: »Und sie beteten den Drachen an, weil er dem Tier die Macht (exusia) gab … und es wurde ihm Macht gegeben, es zweiundvierzig Monate lang zu tun« (Apk 13, 4-5).

Was bedeutet es, dass von dem Drachen die Macht auf das Tier übertragen wurde? Eine Möglichkeit, dies zu verstehen, ist die, es im Zusammenhang mit der Inkarnation des Drachen zu sehen. Das heißt: Das Tier kann als der inkarnierte Drachen, als die Inkarnation Ahrimans, angesehen werden. Im Lichte dieser Interpretation ist mit den Worten »die Macht gegeben« dieser Akt der Inkarnation gemeint. Ahriman oder Satan (der Drache) inkarniert sich, nachdem er Krieg geführt hat gegen die Nachkommen der göttlichen Sophia und gegen diejenigen, die »am Zeugnis Jesu festhalten« (Apk 12, 17). Ihm als dem Tier ist für zweiundvierzig Monate die Herrschaft über die Erde gegeben, d. h. für 3½ Jahre, entsprechend der Zeit der öffentlichen Wirksamkeit Jesu Christi auf Erden. In dieser Deutung ist das Tier identisch mit dem Antichristen der christlichen Tradition. Wenn das stimmt, bleibt immer noch die Frage: Wann wird diese 3½-jährige Periode der Herrschaft des Antichristen stattfinden?

In der Beantwortung dieser Frage gebraucht Rudolf Steiner hinsichtlich der Verkörperung Ahrimans in einem Menschen die Formulierung: »ehe auch nur ein Teil des dritten Jahrtausends der nachchristlichen Zeit abgelaufen sein wird«.[62] Dies könnte einige Jahre oder auch einen längeren Zeitraum bedeuten. Weiter oben in diesem Buch wurde die Ansicht vertreten, dass die Geburt des Menschen, der das Gefäß für Ahriman wird (entsprechend Jesus, der das Gefäß des Christus wurde), möglicherweise im Jahr 1962 erfolgt ist und dass die Inkarnation Ahrimans um das Jahr 2010 stattfinden könnte. Wenn diese Deutung zutrifft, wird der in Frage kommende Mensch dann etwa achtundvierzig Jahre alt sein, und so wäre es dann durchaus denkbar, dass er für eine Zeit von 3½ Jahren Weltherrscher würde.

Wenn wir dies zunächst einmal als Hypothese annehmen, können wir nach Phänomenen Ausschau halten, die diese Interpretation entweder bestätigen oder verwerfen. Das bedeutet aber, dass wir das 13. Kapitel der Offenbarung genauer betrachten müssen: »Und ihm [dem Tier] wurde Macht gegeben über alle Stämme und Völker und Sprachen und Nationen« (Apk 13, 7). Das deutet auf eine Weltherrschaft hin. In dieser Hinsicht erscheint die Errichtung eines globalen Kommunikationsnetzwerkes in einem neuen Licht. Und es würde auch die Geschwindigkeit erklären, mit der es fortschreitet: die Notwendigkeit, für das Auftreten des Tieres (des Antichristen in der christlichen Tradition, oder Ahrimans in Rudolf Steiners Terminologie) alles räumlich und zeitlich zur Verfügung zu haben.

Wichtig ist in diesem Zusammenhang auch der Hinweis des 13. Kapitels auf das zweigehörnte Tier, das »die Erde und ihre Bewohner dazu brachte, das erste Tier anzubeten« (Apk 13, 12). In dem Kapitel »Die Wiederkunft und die kommende Versuchung der Menschheit« wurde Bezug genommen auf das zweigehörnte Tier, dessen Zahl 666 ist, was mit dem Propheten des Antichristen zu tun hat. Wie Johannes der Täufer als Prophet das Kommen Christi vorbereitete, wird dieser Prophet den Weg für die Inkarnation Ahrimans bereiten. Dieser Prophet wird ein Gefäß für die Inspiration des so genannten »Sonnendämon« (Sorat) sein, dessen Zahl 666 ist, wie oben beschrieben. 1998 (= 3 x 666) kann sehr wohl das Jahr gewesen sein, in dem der Prophet sein Werk begonnen hat, ein Werk, das sich durch einen Jupiter-Zyklus von zwölf Jahren erstreckt, bis die Inkarnation Ahrimans in einem Menschen stattfindet.

Eines von den Zeichen des Propheten ist, dass es »Feuer vom Himmel auf die Erde fallen lässt« (Apk 13, 13). Ist es nicht verblüffend, dass das eines der Ziele von HAARP ist (High-frequency Active Auroral Research Project)? HAARP ist ein militärisches Forschungsprojekt, das in Alaska stationiert ist.[63] Eines der Ziele ist es, sich die elektrischen Kräfte der Ionosphäre, die sich z. B. in der Aurora Borealis, dem Nordlicht, zeigen, nutzbar zu machen und diese Kräfte vom Himmel auf die Erde zu holen. Es war das Ziel, HAARP im Jahr 1998 einsatzbereit zu haben. Man könnte sagen, das Ziel von HAARP ist es, »Feuer vom Himmel kommen zu lassen«, eine Art Herunterholen der Blitze. Wer solch eine Möglichkeit gezielt handhaben könnte, wäre dann in der Lage, zu verführen »die auf der Erde wohnen, durch die Zeichen, die zu tun vor den Augen des Tieres ihm Macht gegeben wurde« (Apk 13, 14).

An dieser Stelle ist es interessant, den »Donnervogel« der nordamerikanischen Indianer zu betrachten. Der Donnervogel ist für sie die Personifizierung der elektrischen Kräfte, die in der oberen Erdatmosphäre am Werke sind. Das Nordlicht zum Beispiel kommt aus dem »Mund des Donnervogels«. Und nach einer indianischen Prophezeiung wird die weiße Rasse eines Tages versuchen, sich den Donnervogel nutzbar zu machen und für ihre Zwecke einzuspannen. Aber nach dieser Prophezeiung würde dies eine gewaltige Reaktion seitens Mutter Erde hervorrufen. Ein solches Bild kann als Warnung genommen werden, sich nicht in den subtilen Erdenorganismus einzumischen, andernfalls könnte das schlimme Folgen haben. Mit anderen Worten: Die Erde muss, wie es amerikanischen Indianer taten, als ein lebendiges Wesen gesehen und erfahren werden, dessen Aura die Ionosphäre als einen Teil ihres feinstofflichen Leibes umfasst, in den man nicht eingreifen sollte.

Eine andere interessante Prophezeiung amerikanischer Eingeborener, diesmal der Hopi-Indianer, betrifft die »eiserne Spinne«. Die Prophezeiung der Hopi-Indianer bezieht sich auf die Herstellung einer »eisernen Spinne« seitens der weißen Rasse, um Mutter Erde in Ketten zu legen. Nach dieser Prophezeiung würde auch dies in einer Katastrophe enden, weil Mutter Erde sich das nicht gefallen lassen würde. Diese Prophezeiung könnte gedeutet werden im Hinblick auf das Satellitennetz um den Erdplaneten, das das globale Kommunikationsnetzwerk erleichtern soll. Wieder ist es eine Warnung, dass Mutter Erde sich dagegen wehren wird, dass man ihr Fesseln anlegt und sie vom Kosmos abschneidet. Doch das ist ja gerade die Absicht Ahrimans (Satans), die Erde vom Kosmos abzuschneiden und die Entwicklung von Erde und Menschheit in eine andere Richtung zu leiten als die, die von Christus und Sophia intendiert ist.

Die Satelliten, die die »eiserne Spinne« bilden, sind alle Teil des globalen Kommunikationsnetzwerkes, das auf dem Weg über Bilder funktioniert (Fernseh-Bildschirm oder Computer-Bildschirm). Könnte es dieses Phänomen sein, auf das das Buch der Offenbarung (13,14) hinweist, wenn dort vom »Bild machen« die Rede ist? Das »Anbeten des Bildes des Tieres« (Apk 13, 15) könnte bedeuten, sich dem Einfluss des Antichristen zu unterwerfen, der das globale Kommunikationsnetzwerk kontrollieren und die Welt mittels der Bilder auf dem Bildschirm regieren wird (einschließlich natürlich der Bilder von ihm selbst).

Die Botschaft der Kometen Hyakutake und Hale-Bopp

Es ist nun interessant, in diesem Zusammenhang die Botschaft der Kometen Hyakutake und Hale-Bopp zu betrachten. Welch außerordentliche Erscheinung wurde uns am Nachthimmel im ersten Teil des Jahres 1997 durch den Kometen Hale-Bopp präsentiert! Wer war nicht zutiefst bewegt von dem Anblick seines Strahlens und von seinem mächtigen Schweif? Wie viele Menschen verfolgten seinen Weg, als er den Sternenhimmel durchzog? Was war die Botschaft dieses Kometen? Verkündete er einen Segen? Oder gab er eine Warnung an die Menschheit?

Um diese Frage anfänglich zu beantworten, müssen wir zunächst lernen, die Sternenschrift zu lesen. Das ist etwas, was 99% der Astronomen in aller Welt nicht mehr praktizieren. Astrologen, zumindest im Westen, beziehen sich meistens nicht mehr auf die wirkliche Welt der Sterne. Doch vielleicht hat die Erscheinung des Hale-Bopp ein wenig geholfen, einige für die Realität des Sternenhimmels wach zu machen? Im Anblick des Kometen, der über der ausgestreckt liegenden Gestalt der Andromeda hinzieht, und zwar genau unter dem Stern Algol, dem »bösen Auge« im Haupt der von dem Helden Perseus getragenen Medusa, könnte die Frage auftauchen: Welches ist die Sternenschrift, die uns hier vermittelt wird?

Dass der Menschheit wirklich eine Botschaft vom Himmel vermittelt wurde, wird deutlich, wenn wir auch den Kometen Hyakutake betrachten, der als ein heller Komet genau ein Jahr vor Hale-Bopp in Erscheinung trat. Allein das Erscheinen von zwei mächtigen Kometen in aufeinander folgenden Jahren am Ende des 20. Jahrhunderts ist etwas ganz Außerordentliches angesichts der Tatsache, dass in diesem Jahrhundert kaum ein heller Komet sichtbar war. Im Zusammenhang aber mit der 3½-Jahresperiode von Christi Wiederkunft, seiner Erscheinung in geistiger Gestalt am Ende des 20. Jahrhunderts, ist dieses Zusammentreffen in der Tat sehr auffällig.

Nach den oben erwähnten Forschungsergebnissen begann diese Periode am 23. Februar 1996 (wieder die Jordantaufe wachrufend) und erstreckt sich bis zum 3. – 5. September 1999 (an das Mysterium von Golgatha erinnernd). Der Beginn dieser Periode Ende Februar 1996 fällt zusammen mit dem Auftauchen von Hyakutake, der für das bloße Auge im März 1996 sichtbar wurde. Ein Jahr später verkündete die Erscheinung des Hale-Bopp, der auch mit dem bloßen Auge sichtbar war, den Beginn des zweiten Jahres dieser 3½-Jahresperiode der Erinnerung an Christi öffentliche Wirksamkeit.

Diese Überzeugung gründet sich auf die Beobachtung und die Meditation von Sinn und Bedeutung der beiden Kometen. Die Erscheinung der beiden Kometen kann im Lichte des Christus-Wortes gesehen werden: Es werden »große Zeichen vom Himmel« geschehen (Lk 21, 11), das er sprach, als er von seinen Jüngern nach seiner Wiederkunft gefragt wurde. (Man beachte, dass das griechische Wort »parusia«, das auch »Gegenwart« bedeuten kann, die geistige Natur von Christi Wiederkunft anzeigt, als eine Gegenwart in der Biosphäre der Erde – »in den Wolken« (Apk 1, 7) – und nicht in physischer Gestalt.) In diesem Sinne verkündeten Hyakutake und Hale-Bopp der Menschheit einen Segen und zeigten die erneute Gegenwart des Christus während dieser besonderen 3½-Jahresperiode am Ende des 20. Jahrhunderts an.

Gleichzeitig haben die Kometen aber auch eine Warnung ausgesprochen. Sie kommt in der außerordentlichen Tatsache zum Ausdruck, dass die Wege der beiden Kometen sich, mit einem Jahr Zeitverschiebung, genau beim Stern Algol kreuzten: Hyakutake passierte Algol am 11. April 1996 und Hale-Bopp ging genau ein Jahr später unterhalb Algol vorbei, in der Nacht des 10./11. April 1997. Dass dies ein bloßer Zufall ist, ist sehr unwahrscheinlich. Die Frage ist (im Sinne des Lesens der Sternenschrift): Was bedeutet Algol? Für die Alten bezeichnete er das »böse Auge«. Er symbolisierte die dekadente Macht des alten Hellsehens, repräsentiert durch Medusa, die Platz zu machen hatte für die neue Fähigkeit des Denkens, die durch Perseus repräsentiert wurde. Indem er seine Denkkraft gebrauchte, erschlug er Medusa und rettete Andromeda, die die Seele der Menschheit symbolisiert.

Seit der Geburt der Philosophie in den Tagen des alten Griechenland, worauf sich die Perseus-Sage bezieht, hat sich das Denken entwickelt: Theologie, höhere Mathematik, Himmelsmechanik und andere Wissenschaften, auch Technologie, entstanden durch die Entwicklung des menschlichen Denkens. Heute aber, im Zuge der Computerrevolution, ist das Denken in Gefahr, mechanisiert zu werden. Die Mechanisierung des Denkens würde die »Endstation« für die Entwicklung des menschlichen Denkens bedeuten. Und auf diese Gefahr lenken die Kometen unsere Aufmerksamkeit, wenn wir die Sternenschrift zu lesen lernen.

Meiner Ansicht nach ist das »böse Auge« in unserer heutigen Zeit der Computer-Bildschirm (oder der Fernsehbildschirm). Millionen Menschen sitzen bewegungslos stundenlang vor dem Bildschirm, der einen hypnotischen Einfluss auf sie auszuüben scheint. So wie in alten Zeiten der starre Blick der Medusa alles, was sie ansah, in Stein verwandelte, so »verwandelt« dieses moderne böse Auge »in Stein«, d. h. konkret: Es hypnotisiert und reduziert die Bewegung auf ein Minimum. Deshalb ist es offenbar die tiefere Botschaft der Kometen, uns vor der Gefahr des neuen »bösen Auges« zu warnen und gleichzeitig auf die nächste Stufe des menschlichen Gedankenlebens über Philosophie, Wissenschaft und Technologie hinaus hinzuweisen, wo das Denken zum Schauen werden kann. Ein neues Hellsehen kommt herauf, durch das Christus, der Wiederkommende, als in der Biosphäre der Erde (»in den Wolken«) gegenwärtig geschaut und gefühlt werden kann.

In dieser Hinsicht helfen die Kometen offenbar bei der Entwicklung eines neuen Wahrnehmungsorgans, das durch ein lebendiges, nicht durch ein mechanisiertes Denken, entsteht, ein Denken, das zum Schauen werden kann, um Christus in geistiger Gestalt wahrnehmen zu können. So können diese beiden Kometen als göttliche Boten aus der Höhe gesehen werden, die göttliche Weisheit aussprechen bzw. wirklich ausstrahlen, um dem Menschengeschlecht und der Erde in dieser besonders schwierigen Zeit der Entwicklung weiterzuhelfen.

Was auch immer der Leser dieser Zeilen denken mag, es ist die Hoffnung des Autors, dass diese Darlegungen als Antrieb dazu dienen können, auf gewisse Phänomene der heutigen Welt mit neuen Augen zu blicken. »Ihr werdet die Wahrheit erkennen, und die Wahrheit wird euch frei machen« (Jo 8, 32) – das ist das wichtigste Anliegen. Im Lichte der Wahrheit wird es möglich sein, den Antichristen und seinen Propheten zu erkennen. Und es wird möglich sein, den ätherischen Christus zu finden. Die gegenwärtigen 3½ Jahre des erneuten Wirkens des ätherischen Christus, die im September 1999 ihren Höhepunkt erreichen, sind »Jahre der Gnade« auf den positiven Seiten der Evolution, die ein Gegengewicht zu den kommenden 3½ Jahren des Antichristen bilden. Wir können in diesem Zusammenhang entsprechend an die »sieben fetten Jahre« und die »sieben mageren Jahre« des Patriarchen Joseph im Alten Testament denken (Genesis 41, 1-44). Jetzt ist es Zeit, sich auf den ätherischen Christus einzustimmen, vor allem im Hinblick auf die »moralische Verfinsterung«, die durch den Einfluss des Fürsten der Finsternis über die Welt kommen wird.

Die Bedeutung des 1. Januar 2000

Ein sehr wichtiger Zeitpunkt, sich auf den ätherischen Christus einzustimmen, werden die Monate nach dem Christus-Ereignis im September 1999 (Gralsereignis) sein, vor allem beim Übergang von 1999 nach 2000. Zu diesem Zeitpunkt, am 1. Januar 2000, wird die Sonne zur Position von 16° im siderischen Schützen zurückkehren, wo sie bei der Geburt Jesu in Bethlehem stand. Sie kehrt dann zum 2000. Mal an ihre Tierkreis-Geburtsposition zurück.[64] Der 2000. Jahrestag der Geburt Jesu wird, am ersten Tag des neuen Jahrtausends, ein (den meisten Menschen verborgener) Grund zur Freude sein. Möge dieses Ereignis in seiner wahren Bedeutung gefeiert werden, wenn vielleicht auch nur von einer kleinen Anzahl von Menschen, die darauf vertrauen, dass Jesus Christus selbst antworten wird, wenn man ihn (an)erkennt!

Das Ereignis am 1. Januar 2000 verhält sich nämlich zu dem nahenden Golgatha-Ereignis (3.-5. September 1999) so wie Pfingsten zum Mysterium von Golgatha. Damals lagen 50 Tage (eigentlich 49 Tage) zwischen den beiden Ereignissen, die auf dem physischen Plan geschahen. Jetzt, am Ende des Jahrtausends, liegen die beiden Ereignisse, die im Ätherbereich stattfinden, 118 Tage auseinander, 4 x 29½ Tage, d. h. vier synodische Mondperioden. (Die synodische Periode des Mondes ist die Zeit zwischen Neumond und Neumond oder Vollmond und Vollmond, im Durchschnitt 29½ Tage.) Für Ereignisse, die sich im Ätherischen abspielen, hat die synodische Mondperiode eine Schlüsselbedeutung, da der Mond die Grenze des Ätherleibs der Erde anzeigt. Die Periode von vier synodischen Mondmonaten kann man sich als Resonanzstufen von der Prim bis zur Oktave vorstellen, jede einen halben Mondmonat umfassend. Das Golgatha-Ereignis im Ätherischen wird nach einem halben Mondmonat auf sich selbst zurückgespiegelt (Prim-Intervall), und dann wieder (Sekunde) nach einem weiteren halben Mondmonat, um als Oktave seiner selbst am 1. Januar 2000 zurückzuschallen, wobei jeder Neumond und Vollmond während dieser Periode, bis zum Neumond am 6. Januar 2000, von Bedeutung ist.

Das »Weltenpfingsten« am 1. Januar 2000 wird die Oktave des Golgatha-Ereignisses im Ätherischen sein, das am 3. – 5. September 1999 stattfindet. So wie der ätherische Christus der Mittelpunkt dieses Golgatha-Ereignisses ist, so steht die göttliche Sophia im Mittelpunkt des nahenden Weltenpfingsten. Sie versucht, die Geburt des Christus im Inneren hervorzubringen, die Menschen von Jüngern zu Aposteln zu verwandeln. Das ist die Bedeutung des Ereignisses zu Beginn des »sophianischen Jahrtausends«, nämlich für alle Menschen den Beginn einer neuen Ära in ihrer Beziehung zu Christus und Sophia anzuzeigen, wenn und insoweit sie sich bewusst dafür entscheiden.

Bei der Jahrtausendwende kehrt die Sonne, wie gesagt, zum 2000. Mal zu 16° im siderischen Schützen zurück, wo sie bei der Geburt in Bethlehem vor 2000 Jahren stand. Der Mond steht bei 12° siderischer Waage gegenüber der Stelle, an der er bei der Geburt in Bethlehem (bei 12° siderischem Widder) gestanden hatte. Dadurch steht er in Konjunktion (bei 13° siderischer Waage) mit seiner Position bei der Kreuzigung auf Golgatha.[65]

Diese Himmelskonstellation zu Beginn des neuen Jahrtausends bedeutet einerseits eine Geburt und andererseits einen Tod: die Geburt einer neuen Ära (der Ära eines sophianischen Christentums) und den Tod einer alten Ära (Metamorphose wäre hier ein besserer Ausdruck, der die Umwandlung von der alten in die neue Ära bezeichnet.) Solche geistig-kosmischen Ereignisse sind nicht nur vorübergehender Natur. Vielmehr dauern sie an, dienen sie als Grundsteine für das spirituelle Leben des neuen Jahrtausends. Mögen wir alle inspiriert sein, diese großen Ereignisse am Ende des Jahrtausends in einer würdigen Weise zu feiern, damit wir Geburtshelfer sein können für das neue Jahrtausend, und zwar im Innern und nach außen, zur Schaffung einer neuen Menschheit und einer neuen Kultur.

Zum Schluss dieses Kapitels über die großen Zeichen vom Himmel und zum Schluss dieses Buches, soll noch die Konjunktion von Jupiter und Saturn Ende Mai des Jahres 2000 erwähnt werden. Schon zur Zeit des Christus-Ereignisses (des Mysteriums von Golgatha im Ätherischen), während der ersten Septemberwoche 1999, werden Jupiter (10° Widder) und Saturn (22° Widder) im siderischen Widder nahe beieinander stehen (nur 12° Abstand). Sie werden so die Golgatha-Stimmung verstärken, wenn man bedenkt, dass die Sonne zur Zeit des Mysteriums von Golgatha in der Mitte des siderischen Widders stand. Zweifellos wird in dieser Zeit in der ganzen Welt eine Golgatha-Stimmung herrschen.

Darüber hinaus könnte beim Überschreiten der Schwelle in das neue Jahrtausend am 1. Januar 2000 auf Grund des »Jahrtausend-Virus« der Computer (des sog. »millenium bug«)[66] eine große Krise entstehen. Es gibt Grund, davon auszugehen, dass die Auswirkungen dieser Krise sich schon im September 1999 bemerkbar machen und wahrscheinlich die ersten 6-8 Wochen des Jahres 2000 andauern werden. In diesem Zusammenhang kann man folgende Ausführungen Rudolf Steiners verstehen:

> Als das Jahr 1000 herannahte, lebte die europäische Menschheit in großer Furcht vor dem erwarteten Ende der Welt. Man erwartete dieses in physischem Sinne als ein Sich-Auflösen der Erde in Rauch und Nebel. Es waren die ahrimanischen Geister, welche den Menschen diese Idee beibrachten, dass sich etwas Furchtbares auf dem physischen Plan abspielen werde, während sich in Wirklichkeit mancherlei in der geistigen Welt abspielte. Bei jedem Jahrtausend haben die luziferischen und ahrimanischen Geister eine besondere Macht … Diese ahrimanischen Geister sind es, die jetzt wiederum ihren Einfluss geltend machen, da wir uns dem Jahre 2000 nähern.[67]

Die Hauptwaffe der ahrimanischen Geister (Satans) ist die Angst, und im Jahr 1999 können wir, angesichts des nahen Christus-Ereignis im Ätherischen am 3. – 5. September, mit der wachsenden Angst als einer mächtigen Gegenkraft rechnen. Angst verursacht ein Sich-Zusammenziehen des Ätherleibes, das der Ausweitung des Ätherleibes in die Ätherwelt entgegenwirkt, die aber notwendig ist, um sich mit dem kommenden Christus-Ereignis zu verbinden, das, in Rudolf Steiners oben zitierten Worten, »ebenso grundlegende Bedeutung für die Entwickelung der Menschheit haben [wird], wie das Ereignis von Palästina im Beginne unserer Zeitrechnung«. Einerseits naht das größte Ereignis der Menschheitsgeschichte seit dem Mysterium von Golgatha. Andererseits wird jeder Versuch unternommen werden, die Menschheit von diesem Ereignis abzulenken, vor allem durch Einflößen von Angst vor der Zukunft.

Das bedeutet nicht, dass es nicht wirkliche Probleme geben wird. Ein solches Problem offensichtlich ahrimanischer Natur, das schon Aufmerksamkeit für die Zukunft erheischt, ist, wie bereits angedeutet, der sogenannte »Jahrtausend-Virus« (millenium bug), der sich auf viele computergesteuerte Systeme auswirkt. Das Problem, auch als »Y2K-Problem« bekannt, ist die Folge von Computerprogrammen, die mit abgekürzten Daten geschrieben sind. Bei diesen sind die Daten seit dem Jahr 1900 in abgekürzter Form geschrieben worden, indem die »19« ausgelassen wurde. Das funktionierte problemlos für Daten im 20. Jahrhundert. Aber natürlich wird es nicht mehr funktionieren, wenn das Datum des 1. Januar 2000 abgekürzt lautet: 01.01.00. Dieses Datum und alle folgenden Daten enthalten ein Problem in der Software von Computerprogrammen, die die abgekürzten Daten benutzen. Auf einer rein rationalen Ebene sollte jedes Problem mechanischer Art zu lösen sein, wenn genügend Zeit, Mittel und Fachkenntnis gegeben sind. Der »millenium bug« ist ein komplexes Problem, an dem gearbeitet wird; aber es ist die Frage, wie viele computergesteuerte Systeme in der Lage sein werden, Daten vom 1. Januar 2000 an zu verarbeiten, ganz abgesehen davon, was mit einigen Milliarden »daten-empfindlicher« Computerchips geschehen wird, die in elektrische öffentliche Einrichtungen, Satelliten, Flugzeuge und Luftverkehr-Kontrollsysteme rund um die Welt eingebettet sind.[68]

Das Schlimmste, was passieren könnte, wäre es, wenn Menschen in Panik gerieten, weil sie einen totalen Zusammenbruch der normalen Einrichtungen, die vom Computer abhängen, befürchten. Panik, die durch wachsende Angst ausgelöst wird, ist ein in seinen Folgen nicht abzuschätzender Faktor beim Übergang ins neue Jahrtausend. Wenn niemand in Panik gerät und jeder sich ruhig verhält, kann man mit diesem Computerproblem (und jedem anderen Problem und jeder Krisensituation) mit Sicherheit fertig werden, so wie man auch mit anderen mechanischen Fehlern fertig werden kann, selbst wenn dieses Problem Zeit braucht und einige Unannehmlichkeiten verursacht, bevor es gelöst wird.

Was den Menschen angeht, so ist es ein Zeichen innerer Stärke, weder in Angst noch in Panik zu geraten, einer Stärke, die aus innerer Sicherheit und aus Vertrauen in die Zukunft resultiert, ungeachtet der äußeren Umstände: grundlegendes Vertrauen in sich selbst als ein geistiges Wesen mit einem ganz bestimmten Schicksal und einer für die Erde und die Menschheit zu erfüllenden Aufgabe. Darüber hinaus kann jede Krise oder jedes Problem den Menschen eine Gelegenheit bieten, sich in einer gemeinsamen Anstrengung zusammenzufinden, um einander und der Gesellschaft insgesamt zu helfen, was wiederum eine konstruktive Weise ist, Herausforderungen zu begegnen, die durch irgendeine Störung der normalen Einrichtungen verursacht werden.

Darüber hinaus wird es aber von allergrößter Bedeutung sein, angesichts welcher Herausforderungen auch immer, nicht den Blick zu verlieren auf die spirituellen Ereignisse, die in Verbindung mit Christus und der göttlichen Sophia stattfinden. Denn gerade durch ein geistdurchdrungenes Sich-Einstimmen kann schließlich das richtige Verhalten in jeder Situation gefunden werden. Und durch diese geistige Einstimmung auf das sich nähernde Christus-Ereignis (Mysterium von Golgatha im Ätherischen) und das folgende Sophia-Ereignis (Welten-Pfingsten) wird jedem, der dafür offen ist, eine starke Quelle der Hilfe und Inspiration zuteil werden.

Als ein Beispiel für die Notwendigkeit, für eine höhere geistige Realität offen zu sein, selbst in Krisenzeiten, wollen wir noch einmal den »millenium bug« (abgekürzt: Y2K) betrachten. Dazu wollen wir uns noch einmal an die Worte Rudolf Steiners erinnern, die er in Bezug auf das Jahr 1000 sprach und davon ausgehen, dass sie auch für das Jahr 2000 zutreffen. »Es waren die ahrimanischen Geister, welche den Menschen diese Idee beibrachten, dass sich etwas Furchtbares auf dem physischen Plan abspielen werde, während sich in Wirklichkeit mancherlei in der geistigen Welt abspielte.« Nehmen wir an, dass der Computer vorwiegend Ahrimans Bereich ist, dann hat das Y2K-Problem offensichtlich sehr viel mit den ahrimanischen Geistern zu tun. Das Problem wird, wie gesagt, am 1. Januar 2000 aktuell. Allerdings gibt es, wie oben dargestellt, zugleich die außerordentliche Tatsache, dass der 1. Januar 2000 das Datum der 2000. Rückkehr der Sonne zu ihrer siderischen Tierkreisposition bei der Geburt Jesu ist. So können wir vom 1. Januar 2000 wahrlich sagen, dass »sich in Wirklichkeit mancherlei in der geistigen Welt abspielt«.

Das Geburtsdatum des Jesus von Nazareth war der 6. Dezember 2 v. Chr., kurz vor Mitternacht.[69] So liegt der 6. Dezember 1999 genau zweitausend Jahre später, wobei zu beachten ist, dass das Jahr 2 v. Chr. astronomisch das Jahr -1 ist. Als *historisches* Datum fällt daher der 2000. Jahrestag der Geburt Jesu auf den 6. Dezember 1999. Allerdings ist die wahre Bedeutung einer Geburtstagsfeier, dass an diesem Tag die Sonne, die ein Jahr braucht, um den Tierkreis zu durchlaufen, wieder zu derselben Stelle im Tierkreis zurückkehrt, an der sie bei der Geburt stand. Zur Zeit von Jesu Geburt stand die Sonne bei 16° Schütze im siderischen Tierkreis, das ist fast genau in der Mitte des Sternbildes des Schützen.[70]

Wegen der Präzession der Äquinoktien, wodurch sich der Frühlingspunkt um 1 Grad in 72 Jahren durch die Tierkreis-Sternbilder rückwärts bewegt, bewegt sich auch das Datum, an dem die Sonne zu derselben Stellung im Tierkreis zurückkehrt, im Laufe von Jahrhunderten langsam rückwärts. Das hat seinen Grund darin, dass unser Kalender in Bezug auf den Sonnenumlauf so geartet ist, dass die Sonne jedes Jahr am oder um den 21. März am Frühlingspunkt steht. Es muss weiterhin die Tatsache in Betracht gezogen werden, dass zur Zeit Christi im Römischen Reich der julianische Kalender benutzt wurde, während wir jetzt den gregorianischen Kalender benutzen. Berücksichtigen wir den Kalenderwechsel und die Präzession der Äquinoktien, so kehrt die Sonne jetzt, in unserer Zeit, in jedem Jahr um den 1. Januar zu der Stellung in der Mitte des Schützen zurück. So wird sie am 1./2. Januar 2000 wieder bei 16° Schütze stehen, dort, wo sie bei der Geburt Jesu stand. Das wäre ihre 2000. Rückkehr zu dieser Stelle. Dieses Ereignis ist sicher wert, gefeiert zu werden. Welch große Bedeutung hätte es für den Beginn des neuen Jahrtausends, wenn dieser 2000. Geburtstag weithin gefeiert werden könnte! Welch bedeutsame

Perspektive würde dies für die Zukunft bieten: den Beginn der Ära eines kosmischen Christentums! Und welche Kraft könnte aus der bewussten Feier dieses Ereignisses zum Beginn des neuen Jahrtausends geschöpft werden!

Bei einer Krisenstimmung, die zur Jahrtausendwende wegen des Y2K-Problems vorherrschen kann, mag es schwierig sein für die Menschen, sich auf die höhere spirituelle Bedeutung zu besinnen und den 2000. Jahrestag am 1. Januar 2000 zu feiern, der im kosmischen Sinne an die Geburt Jesu von Nazareth erinnert. So wird es auch nicht leicht sein, dass eine Pfingst-Stimmung durchbricht, von der oben gesprochen wurde. Zu dieser Zeit werden Jupiter (½° Widder) und Saturn (15½° Widder) im siderischen Widder 15 Grad voneinander entfernt stehen. Danach kommen sich Jupiter und Saturn immer näher, bis Jupiter mit Saturn in Konjunktion tritt, und zwar am Schwanzende des Widders (28°), am 28. Mai 2000, genau zwei Wochen vor Pfingsten, das im Jahr 2000 auf den 11. Juni fällt.

Zur Zeit der Konjunktion zwischen Jupiter und Saturn Ende Mai 2000 könnte die Pfingststimmung wirklich durchbrechen, wenn die Probleme, die mit Y2K zusammenhängen, weitgehend gelöst sind. Darüber hinaus wird die Konjunktion zwischen Jupiter und Saturn im Widder die Geburt von etwas Neuem bedeuten, wenn man annimmt, dass diese Konjunktion ein erstes Anzeichen für einen neu hereinströmenden Impuls sein wird, dessen Keim bereits durch das Christus-Ereignis neun Monate zuvor gelegt wurde (um den 3. – 5. September 1999). Hier haben wir das Bild der Empfängnis (ätherisches Golgatha), dem die Geburt (Welten-Pfingsten) neun Monate später folgt.

Auf diesem Hintergrund ist es möglich, sich vorzustellen, dass die Pfingststimmung wahrscheinlich durch einen neuen Optimismus getragen wird, der sich ab Mai 2000 anfänglich zeigen wird, überhöht und in Schwung gebracht durch das Ereignis der Konjunktion von Jupiter und Saturn. In dieser Hinsicht wird die Zeit Ende Mai, Anfang Juni, im Jahr 2000, die zum Pfingstsonntag am 11. Juni führt, eine entscheidende Zeit dafür sein, dass der neue Impuls, der neun Monate früher im Jahr 1999 gesät wurde, Frucht bringt. Wir möchten annehmen, dass dieses Blühen und Fruchten sich zumindest fortsetzen wird bis zur heliozentrischen Konjunktion von Jupiter und Saturn zwischen Mitsommer und dem Fest Johannes des Täufers am 24. Juni 2000. (Diese heliozentrische Konjunktion ereignet sich am 22./23. Juni, also unmittelbar nach der Sommersonnenwende am 20./21. Juni).

Die *geo*zentrische Konjunktion von Jupiter und Saturn Ende Mai, das Pfingstfest zwei Wochen später und die *helio*zentrische Konjunktion von Jupiter und Saturn direkt nach der Sommersonnenwende lenken den Blick auf das Sophia-Mysterium (Welten-Pfingsten), das der Spur des Christus-Mysteriums (ätherisches Golgatha) neun Monate zuvor folgt. Dieses Sophia-Mysterium, das mit der 2000. Feier der Geburt Jesu am 1. Januar 2000 tief verbunden ist, wird einen Grundstein für das sophianische Christentum der Zukunft legen, für das »sophianische Jahrtausend«.

Zu den »großen Zeichen vom Himmel« gehört also auch die Konjunktion von Jupiter und Saturn am Schwanz des siderischen Widder im Jahre 2000, die in einem kosmischen Sinn den Beginn des neuen Jahrtausends anzeigt.

ANMERKUNGEN

1 Vgl. Willi Sucher: Isis-Sophia. Umriss einer geisteswissenschaftlichen Kosmologie, Stuttgart 1999 (Verlag Urachhaus).

2 Der kosmische Rhythmus im Markusevangelium, Basel ^{1}1928, Stuttgart ^{3}1997 (Verlag Urachhaus); Der kosmische Rhythmus, das Sternengeheimnis und Erdengeheimnis im Johannes-Evangelium, Basel 1930. Vgl. auch die Biographie von G. Kacer-Bock: Hermann Beckh. Leben und Werk, Stuttgart 1997, besonders S. 42 f., 136 f., 229-231.

3 Jetzt mit einem zweiten, auch bereits einzeln herausgegebenen Buch zusammen veröffentlicht unter dem Titel: Cosmic Christianity and The Changing Countenance of Cosmology, Hudson/NY, 1985.

4 Ebd., S. 209f.

5 S. 467-476.

6 R. Steiner erwähnt öfter Daten bzw. Jahreszahlen, die innerhalb dieses Rhythmus wichtig sind: 33, 333, 1899, 1933.

7 Von Jesus zu Christus. Vortrag vom 7. 10. 1911, GA 131, Dornach ^{7}1988 (Taschenbuch-Ausgabe 1985), S. 77f.

8 Die »Himmelfahrt« Christi beinhaltet zum einen das bleibende Eingehen in die Ätheraura der Erde und zum andern den kosmischen Aufstieg zum Vater, neutestamentlich ausgedrückt: das »Gehen zum Vater«. Beides ist, geisteswissenschaftlich und neutestamentlich gesehen, christologisch eine Realität. An beiden Realitäten gilt es festzuhalten. Hinsichtlich des »Wie« des Zusammen und des Zueinander beider Vorgänge spricht Friedrich Benesch von einer »Paradoxie der inneren Identität«: Aufstieg ist Abstieg und Abstieg Aufstieg. »Je höher hinauf, in einen je höheren Bereich über alle Himmel hinaus sich dieses Wesen ergießt, desto tiefer steigt es herunter in die innersten Untergründe der Erde.« (Christliche Feste. Weihnachten-Passion-Ostern-Himmelfahrt-Pfingsten, Stuttgart 1993, S. 231.). »Indem er zum Vater geht, wird dieses Hingehen ein stärkeres Näherkommen zu uns.« (S. 237) »Indem er beim Vater lebt, lebt er bei uns, und indem er bei uns lebt, lebt er beim Vater.« (S. 273)

Für Hans-Werner Schroeder ist die »Himmelfahrt« im Sinne des Neuen Testamentes ein »stufenweises Geschehen«(nach Hebr 4, 14: »Sphäre nach Sphäre«, in der Übersetzung von Emil Bock), was dann jeweils auch eine Wirkung für die betreffenden Hierarchien hat (Der Kosmische Christus, Stuttgart 1995, S. 73). Schroeder »vermisst« im Neuen Testament denn auch eine Andeutung des stufenweisen *Ab*steigens durch die Bereiche der Sphären und Hierarchien bis hin zur Menschwerdung bei Christi erster Ankunft (Der Kosmische Christus, S. 75). Vgl. den gesamten Abschnitt »Die Erhöhung Christi«, S. 72-75. Was Schroeder im Neuen Testament vermisst, beschreibt Rudolf Steiner im »Fünften Evangelium« sinngemäß so: »Wir können die außerirdischen Verhältnisse zurückverfolgen und werden finden, wie der Christus zuerst in überirdischen Reichen gewirkt hat, wie er dann sozusagen immer näher und näher zur Erde gekommen ist, bis er durch den Leib des Jesus von Nazareth in die Erdenaura eingezogen ist.« (Rudolf Steiner: Aus der Akasha-Forschung. Das Fünfte Evangelium, Dornach 1985, GA 148, S. 180). In dem Ausdruck »näher und näher« wird implizit der Prozesscharakter und das stufenweise Absteigen ausgesagt.
Um jedem möglichen Missverständnis von vornherein zu begegnen: Wenn wir in diesem Buch die Struktur des Aufstiegs zum Vater ausführlich beschreiben, bedeutet das ganz und gar nicht, dass damit das bleibende Eingehen des Christus in die Ätheraura der Erde geleugnet oder auch nur geschmälert werden soll. Christus wird durch das Mysterium von Golgatha zugleich zum »Geist der Erde«. Er verband sich mit ihrem Wesen. Sein Blut als Träger seiner Ich-Wesenheit tropfte vom Kreuz auf die Erde, zugleich ein Bild dessen, was geschah, als sein Geist, seine Ich-Wesenheit, nach dem Tod in die Tiefen der Erde hinabgestiegen ist (»Höllenfahrt«).

8a Für die Zuordnung der Wesenheiten der geistigen Hierarchien zu den Planetensphären siehe Rudolf Steiner, GA 239, Vorträge vom 24. und 25. Mai 1924 (in GA 239, Esoterische Betrachtungen karmischer Zusammenhänge Bd. V), wo er auch wesentliche Punkte über die Entsprechung der Jahrsiebte im Menschenleben zu den Planeten erwähnt: Mond (0-7), Merkur (7-14), Venus (14-21), Sonne (21-42), Mars (42-49), Jupiter (49-56), Saturn (56-63). Und ebenso wie der Sonne drei Jahrsiebte des Menschenlebens zugeordnet sind, wurden drei 100-jährige Perioden bei Christi Auf- und Abstieg in der Sonnensphäre verbracht, da drei Hierarchien (Exusiai, Dynamis, Kyriotetes) in der Sonnensphäre wirken.

9 Die Impulsierung des weltgeschichtlichen Geschehens durch geistige Mächte, Dornach [4]1989, Vortrag vom 16. 3. 1923, GA 222.

9a Das Jahr 3102 v. Chr. (historisch) = -3101 (astronomisch) denn die historische Zeitrechnung in der vorchristlichen Zeit unterscheidet sich von der astronomischen Zeitrechnung, z.B. 2 v. Chr., 1 v. Chr., 1 n. Chr. (historisch) wird astronomisch geschrieben als: - 1, 0, + 1.

10 Vgl. den in der Einführung in seinem größeren Zusammenhang zitierten Text.

11 Rudolf Steiner sprach vom Neuen Zeitalter als dem »lichten Zeitalter«, das im Jahre 1899 begann. Da 1899 den Beginn der ersten 33⅓-Jahresperiode des 20. Jahrhunderts bezeichnet, das seinen Höhepunkt nach dem ersten Drittel des Jahrhunderts mit Christi Eintritt in die Ätheraura der Erde hat, ist es wohl richtig, 1899 als den *kosmisch* angezeigten Beginn des Neuen Zeitalters zu betrachten. Von einem *irdischen* Standpunkt aus aber bezeichnet das Ende der ersten 33⅓ Jahre nach dem kosmischen Beginn den Anfang der Wiederkunft, und damit den Beginn des Neuen Zeitalters, für die Erde und die Menschheit. Die Zeit zwischen 1899 und 1933 war eine Zeit der Integration von Christi Ätherleib in die Ätheraura der Erde.

12 Vgl. zu dieser Thematik auch Hans-Werner Schroeder: Von der Wiederkunft Christi heute. Verheißung und Erfüllung, Stuttgart 1991.

13 Der Sammelband »Sie erlebten Christus« wurde zusammengestellt von Gunnar Hillerdal und Berndt Gustafsson vom Religionssoziologischen Institut in Stockholm. Die 1. Auflage wurde 1973 in Stockholm veröffentlicht, die 2. Auflage erschien 1979. 1979 wurde im Verlag »Die Pforte« in Basel auch eine deutsche Übersetzung herausgegeben, aus dem Schwedischen übersetzt von Boris Tullander.

14 Das Ereignis der Christus-Erscheinung in der ätherischen Welt, Vortrag vom 25. 1. 1910, Dornach 1965, GA 118, S. 26.

15 Der innere Aspekt des sozialen Rätsels, GA 193, 3. Vortrag vom 11. 2. 1919 in Zürich, Dornach 1977, S. 60f.

16 Sie erlebten Christus, S. 26f.

17 Sie erlebten Christus, S. 27f.

18 Sie erlebten Christus, S. 33.

19 Sie erlebten Christus, S. 42.

20 Sie erlebten Christus, S. 54.

21 Sie erlebten Christus, S. 67-69.

22 Wie im nächsten Kapitel erläutert werden wird, bezieht sich dies auf den Abstieg des Christus-Ich nach einem 12-Jahres-Rhythmus, den man unterscheiden muss von dem 33⅓-Jahresrhythmus von Christi Ätherleib.

23 In der hermetischen Astrologie wird der *siderische Tierkreis* benutzt, der

ursprünglich durch die Babylonier definiert und von ihnen seit dem 5. Jahrhundert v. Chr. als astronomischer Bezugsrahmen und zum Erstellen von Horoskopen benutzt wurde. Dieser Tierkreis kam nach Ägypten und wurde auch von griechischen Astrologen benutzt. Er gelangte sogar bis nach Indien, wo er, wenn auch mit einigen Modifikationen, bis heute von indischen Astrologen benutzt wird. Zwei Ephemeride für den Zeitraum 1976-2025, die die täglichen Positionen von Sonne, Mond und Planeten im siderischen Tierkreis auflistet, sind von Neil Michelsen erstellt und von »Astro Computing Services« veröffentlicht worden: The American Sidereal Ephemeris 1976-2000, und 2001-2025 San Diego 1981, 1995. Vgl. auch Robert Powell – Peter Treadgold: The Sidereal Zodiac, AFA Publications, Tempe 1985, und Robert Powell: The Zodiac. A Historical Survey, ACS Publications, San Diego 1984.

24 Vgl. »Hermetic Astrology«, vol. I, S. 220.

25 Vgl. z. B. die Rede der Theodora in Rudolf Steiners Mysteriendrama »Die Pforte der Einweihung«, das zum erstenmal am 15. August 1910 in München aufgeführt wurde.

26 Vgl. Kapitel 8 von »Hermetic Astrology«, vol. II, Kinsau 1989, S. 287 ff.

27 Vgl. Robert Powell: Chronik des lebendigen Christus, S. 467-476.

28 Initiations-Erkenntnis, 13. Vortrag vom 31. 8. 1923 in Penmaenmawr, GA 227, Dornach 1960, S. 238.

28a Rudolf Steiner, GA 219, Vortrag vom 31. 12. 1922.

28b Normalerweise kann das menschliche Leben in »Wachen« und »Schlafen« eingeteilt werden, wobei das Wach-(Tages-)leben in den Ätherleib als Medium der Biographie des Menschen und das Schlaf-(Nacht-)leben in den Astralleib als die Vorstufe des Kamaloka eingeschrieben wird. Nach dem Tode lebt der Mensch zunächst in seinem Ätherleib und erlebt ein Panorama seiner Biographie während etwa dreier Tage, bis sein Ätherleib sich in den Weltenäther auflöst. Dann lebt der Mensch in seinem Astralleib, wo er jetzt vollbewusst, und zwar im Lichte seines erwachten Gewissens, den Inhalt seines Schlaf-(Nacht-)Lebens rückwärts erlebt. Schematisch können wir diesen Zusammenhang des Menschenlebens so darstellen:

Schlaf-(Nacht-)Leben, in den Astralleib eingeschrieben (rückläufiger Zeitstrom des »Gerichts«), wird nach dem Tode im Lichte des erwachten Gewissens als Kamaloka (»Fegefeuer«) erlebt

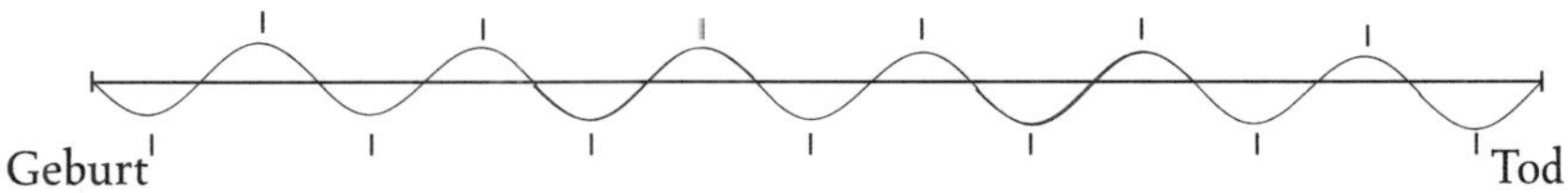

Wach-(Tages-)Leben, in den Ätherleib eingeschrieben (vorwärts verlaufender Zeitstrom der Biographie) wird in den ersten drei Tagen nach dem Tode im Ätherleib als Panorama erlebt

Nun ist es so, dass das Schlaf-(Nacht-)Leben Christi nicht ein Sich-Selbst-Richten war, wie es beim Menschen ist (als Vorstufe des Kamaloka). Denn Christus ist selbst das »Weltgewissen«. Als das Gewissen der Welt war das Nachtleben des Christus ein Richten der Menschheit. Christi »Gericht« über die Menschheit wurde in seinen Astralleib als die »ewige Apokalypse« eingeschrieben, von der die Offenbarung des Johannes einen Teil enthält. Ebenso wurde das Wach-(Tages-)Leben des Christus als seine Biographie von 33⅓ Jahren in seinen Ätherleib als das »ewige Evangelium« eingeschrieben, von dem die vier Evangelien nur teilweise berichten. Die Evangelisten haben mit dem Ätherleib Christi kommuniziert, ebenso wie Johannes, als er die Apokalypse erlebte, eine Kommunion mit Christi Astralleib erfuhr. Diese Art der Kommunion im Zusammenhang mit dem 29½-Jahresrhythmus von Christi Astralleib werden wir erst im nächsten Kapitel betrachten. Im Folgenden handelt es sich zunächst um den 33⅓-Jahresrhythmus von Christi Ätherleib; danach widmen wir uns dem 12-Jahres-Rhythmus des Ich des Christus und der entsprechende Ich-Kommunion.

29 Vor dem Tore der Theosophie, 14. Vortrag vom 4. 9. 1906 in Stuttgart, Dornach 1990, GA 95, vor allem S. 140-142.

30 Bilder okkulter Siegel und Säulen, Dornach 1993, GA 284/285, S. 112f.

31 Das Miterleben des Jahreslaufes in vier kosmischen Imaginationen, 4. Vortrag, Dornach, 12. 10. 1923: Die Johanni-Imagination, Dornach ^{7}1989, GA 229, S. 64.

32 Adalbert Graf von Keyserlingk (Hg.): Koberwitz 1924. Geburtsstunde einer neuen Landwirtschaft, Stuttgart ^{2}1985, S. 75-76.

33 Weitere Aspekte des Weges Christi zur Mutter sind beschrieben in: Robert Powell, The Most Holy Trinosophia, Great Barrington/MA 1990 (zweite,

erweiterte Auflage, Hudson/NY 1999). Wie aus der Tabelle auf Seite 63 ersichtlich wird, kann der Beginn der Höllenfahrt der Menschheit schon vor 1945 – und zwar ins Jahr 1933 – datiert werden. So können wir Harrie Salmans Feststellung verstehen, wenn wir nicht nur an Europa, sondern auch an die übrige Welt denken: »Seit 1933 hat Europa sich auf eine Höllenfahrt begeben, die nur bestanden werden kann, wenn bestimmte seelische Eigenschaften und geistige Kräfte ausgebildet werden« (Die Heilung Europas, Schaffhausen 1999, S. 14).

34 Zwei weitere Beipsiele sind Prof. Joseph Rotblat und Gruppenkapitän Leonard Cheshire, der die Atombombenexplosion über Nagasaki als Churchills offizieller Beobachter miterlebte und später, als er Christ geworden war, sein Leben der Errichtung geeigneter Heime für die Geschädigten widmete. (Mittlerweile gibt es in 48 Ländern 265 solcher Cheshire-Heime).

35 Asclepius, Buch III, in: W. Scott (Ed.): Hermetica, vol. I, Oxford [1]1924, Boulder [2]1982, S. 332-335.

36 Dieselbe Grausamkeit herrschte bei der chinesischen Annexion von Tibet, im Gegensatz zu der unendlichen Geduld des Mahayana-Buddhismus des Dalai Lama und der tibetanischen Buddhisten.

37 William Shakespeare: Der Kaufmann von Venedig, IV. Akt, 1. Szene.

38 Rudolf Steiner, Vor dem Tore der Theosophie, Vortrag vom 4. 9. 1906 in Stuttgart, Dornach [4]1990, GA 95, S. 142f.

39 Ebd., S. 142.

40 Zum Verhältnis von Seligpreisungen und den verschiedenen Wesensgliedern des Menschen siehe Rudolf Steiner: Das Matthäus-Evangelium, 9. Vortrag vom 9. 9. 1910 in Bern. Was die Datierung der Wiederkunft betrifft, siehe Robert Powell: Hermetic Astrology I, Anhang II (The Second Coming); Hermetic Astrology II, Kapitel 9 (The New Age and the Second Coming), und auch: Chronik des lebendigen Christus. Grundstein eines kosmischen Christentums, Teil III, S. 467-497. Weitere Aspekte der Wiederkunft sind dargestellt in »Christian Hermetic Astrology: The Star of the Magi and the Life of Christ«, wo auch der 29½-Jahresrhythmus in Beziehung zur Kommunion mit Christi Astralleib erörtert wird. Für eine ausführliche Darstellung des Lebens Jesu Christi in seinem geschichtlichen und biographischen Aspekt siehe mein Buch »Chronik des lebendigen Christus«, in dem die genaue Dauer von Christi Leben von der Geburt in Bethlehem bis zur Auferstehung mit 33⅓ Jahren (weniger 1¾ Tagen) aufgezeigt wird.

41 Adalbert Graf von Keyserlingk (Hg.), Koberwitz 1924, Stuttgart ²1985, S. 76

42 Rudolf Steiner, Entsprechungen zwischen Mikrokosmos und Makrokosmos, Vortrag vom 8. Mai 1920 in Dornach, GA 201, Dornach 1987, S. 187f.

43 Vgl. Chronik des lebendigen Christus, S. 477-487.

44 Für eine genaue Berechnung vgl. Robert Powell: Christian Hermetic Astrology: The Star of the Magi and the Life of Christ, S. 66-68.

45 Wladimir Solowjew: Drei Gespräche über Krieg, Fortschritt und das Ende der Weltgeschichte mit Einschluss einer kurzen Erzählung vom Antichrist, Deutsche Gesamtausgabe, Band 8, hrsg. von Ludolf Müller, München 1979, S.247. Weitere Aspekte zur Kulmination der »vierzig Tage in der Wüste« für die ganze Menschheit in unserer Zeit sind in meinem Buch »Chronik des lebendigen Christus« zu finden. Dort werden die drei Versuchungen in der Wüste geschildert, die am 37., 38. und 39. Tag in der Wüste stattfanden, entsprechend den Jahren 1929-1959, 1959-1988 und 1988-2018. Die erste Versuchung, diejenige des Willens zur Macht, kam vor allem durch Hitler auf. Die zweite Versuchung, diejenige des Sich-Hinabstürzens von der Zinne des Tempels, tauchte durch die Drogenepidemie auf. Und jetzt rollt die dritte Versuchung, diejenige, aus Steinen Brot zu machen, über die ganze Welt in der Gestalt der Medien und der Computerisierung der Welt, wobei durch die Technologie dem Nicht-Lebendigen der Anschein von Leben gegeben wird (»virtual reality«).

46 Für die Datierung der Tierkreis-Zeitalter auf der Basis einer sicheren Definition des siderischen Tierkreises siehe Robert Powell: Zu einer neuen Sternenweisheit, Kap 3, Schaffhausen 1993.

47 Vgl. auch Robert Powell: Hermetic Astrology, Bd.II, Kap.9.

48 Zur Geschichte und aus den Inhalten der erkenntniskultischen Abteilung der Esoterischen Schule 1904 – 1914, Instruktionsstunde vom 24. 9. 1912 in Basel, Dornach 1987, GA 265, S. 361.

49 Die hier angegebenen Positionen sind die im »Christian Star Calendar« von Michael Brinch und Robert Powell errechneten. Siehe auch Neil Michelsen, The American Sidereal Ephemeris 1976-2000.

50 Siehe Robert Powell: Hermetic Astrology, Bd. II, Kap. 8.

51 Rudolf Steiner: »Das Wesen des Gebetes«, in: Pfade der Seelenerlebnisse, GA 58/59, Dornach 1957, Vortrag vom 17. 2. 1910 in Berlin), S. 225f., 228.

52 Christian Hermetic Astrology: The Star of the Magi and the Life of Christ, Hudson/NY 1998 (Anthroposophic Press).

53 Vgl. z. B. den Vortrag vom 16. Mai 1923 in Kristiania, in: Menschenwesen, Menschenschicksal und Welt-Entwickelung, Dornach ⁴1978 (GA 226).

54 Robert Powell: Chronik des lebendigen Christus, S. 467-476.

55 Das Ereignis der Christus-Erscheinung in der ätherischen Welt, GA 118.

56 Ebd., Vortrag vom 25.1.1910. Er zeigt neben dem Jahr 1933 auch die Bedeutung der Jahre 1935 und 1937 auf.

57 Rudolf Steiner, Geisteswissenschaftliche Menschenkunde, Vortrag vom 21. Dezember 1908 in Berlin, Dornach [3]1973, GA 107, S. 152.

58 Vgl. den eben genannten Vortrag Rudolf Steiners vom 25. 1. 1910.

59 Vgl. Robert Powell: Chronik des lebendigen Christus, S. 474 ff.

60 Vgl. ebd., S. 413f., 518f.

61 Vgl. z. B. den Vortrag vom 14. 10. 1917 in Dornach, in: Die spirituellen Hintergründe der äußeren Welt. Der Sturz der Geister der Finsternis (= Geistige Wesen und ihre Wirkungen, Band I), GA 177, Dornach 1977, S. 148-162.

62 Soziales Verständnis aus geisteswissenschaftlicher Erkenntnis, GA 191, Vortrag vom 1. November 1919 in Dornach, Dornach 1972, S. 198.

63 Jeane Manning – Nick Begich: Löcher im Himmel. Der geheime Ökokrieg mit dem Ionosphärenheizer HAARP, Frankfurt am Main 1996 (Zweitausendeins). Die amerikanische Originalausgabe ist 1995 unter dem Titel »Angels don't play this HAARP« in Anchorage, Alaska, erschienen.

64 Vgl. Robert Powell: Chronik des lebendigen Christus, S.160 (Horoskop IV).

65 Chronik des lebendigen Christus, S. 160 u. 162 (Horoskope IV und VI).

66 Vgl. Robert Powell: »The Christ Event in the Year 1999 and the Start of the New Millennium«, in: R. Powell – M.Brinch, Christian Star Calendar 1999, Vancouver 1999.

67 Rudolf Steiner, Bilder okkulter Siegel und Säulen, Vortrag vom 7. März 1914 in Stuttgart, GA 284, S. 166, nach einem unvollständigen Bericht, aus dem Gedächtnis niedergeschrieben.

68 Zur konstruktiven Annäherung an das Y2K-Problem s. Judy Laddon/Tom Atlee/Larry Shook (Hg.): Awakening: The Upside of Y2K (The Printed Word), Spokane, WA, 1998. Y2K ist die Abkürzung von »Year two Kilo«.

69 Robert Powell: Chronik des lebendigen Christus, S. 32f.

70 Ebd. S. 160 (Horoskop IV).

BIBLIOGRAPHIE

Owen Barfield: Romanticism Comes of Age, Middletown, CT 1986

Friedrich Benesch: Christliche Feste. Weihnachten – Passion – Ostern – Himmelfahrt – Pfingsten, Stuttgart 1993

Ders.: Das Ereignis der Himmelfahrt Christi, Stuttgart [2]1974; Jeane Dixon: My Life and Prophecies, New York 1969Wolfram von Eschenbach: Parzival, München 1950

Gunnar Hillerdal – Bernd Gustafsson (Hg.): Sie erlebten Christus, Basel 1979

Johanna und Albert von Keyserlingk: Koberwitz 1924, Stuttgart 1974

Neil Michelsen: The American Sidereal Ephemeris 1976-2000, San Diego, CA 1981; The American Sidereal Ephemesis 2001-2025, San Diego, CA 1995.

Robert Powell: Christian Hermetic Astrology: The Star of the Magi and The Life of Christ, Hudson, NY 1998

Ders.: Chronik des lebendigen Christus. Grundstein eines kosmischen Christentums, Stuttgart 1998

Ders.: Zu einer neuen Sternenweisheit, Schaffhausen 1993

Ders.: Hermetic Astrology I, Kinsau 1987

Ders.: Hermetic Astrology II, Kinsau 1989

Ders.: The Most Holy Trinosophia, Great Barrington, MA 1990 (zweite, erweiterte Auflage. Hudson, NY 1999)

Ders.: The Zodiac: A Historical Survey, San Diego 1984

Robert Powell – Peter Treadgold: The Sidereal Zodiac, Tempe, AT 1985

Robert Powell – Michael Brinch: Christian Star Calendar (jährlich), Vancouver, Kanada

Sergej O. Prokofieff: Die himmlische Sophia und das Wesen Anthroposophie, Dornach 1995

Hans-Werner Schroeder: Von der Wiederkunft Christi heute. Verheißung und Erfüllung, Stuttgart 1991

Ders.: Der Kosmische Christus, Stuttgart 1995

Wladimir Solowjew: Drei Gespräche über Krieg, Fortschritt und das Ende der

Weltgeschichte mit Einschluss einer kurzen Erzählung vom Antichrist, Deutsche Gesamtausgabe, Band 8, hrsg. von Ludolf Müller, München 1979
David Spangler: Revelation: Birth of a New Age, Findhorn, Schottland 1974
Rudolf Steiner: Vor dem Tore der Theosophie, Dornach 1990, GA 95
Ders.: Bilder okkulter Siegel und Säulen, Dornach 1993, GA 284
Ders.: Entsprechungen zwischen Mikrokosmos und Makrokosmos, Dornach 1987, GA 201
Ders.: Die Apokalypse des Johannes, Dornach 1985, GA 104
Ders.: Mein Lebensgang, Dornach 1982, GA 28
Ders.: Initiations-Erkenntnis, Dornach 1982, GA 227
Ders.: Das Miterleben des Jahreslaufes in vier kosmischen Imaginationen, Dornach 1989, GA 229
Ders.: Das Matthäus-Evangelium, Dornach 1988, GA 123
Ders.: Der innere Aspekt des sozialen Rätsels, Dornach 1989, GA 193
Ders.: Das Ereignis der Christus-Erscheinung in der ätherischen Welt, Dornach 1984, GA 118
Ders.: Vier Mysteriendramen, Dornach 1981, GA 14
Ders.: Geisteswissenschaftliche Menschenkunde, Dornach 1988, GA 107
Ders.: Von Jesus zu Christus, Dornach 1988, GA 131
Ders.: Die spirituellen Hintergründe der äußeren Welt, Dornach 1985, GA 177
Ders.: Das Verhältnis zur Sternenwelt zum Menschen und des Menschen zur Sternenwelt, Dornach 1994, GA 219

NACHTRAG ZUR 2. AUFLAGE

Das Anliegen dieses Buches ist es, einerseits, eine Anregung zur Vertiefung in das Mysterium der Wiederkunft des Christus zu geben und andererseits die Grundlage des kosmischen Christentums zu erweitern, wie in der Einführung dargestellt wurde. Wie auf S.8 schon erwähnt, schließt sich dieses Buch an mein Buch *Chronik des lebendigen Christus. Grundstein eines kosmischen Christentums* sowie an die Forschung Willi Suchers an. So wie ich die Anregung von Willi Sucher zur Ausarbeitung der Astrosophie als »Wissenschaft des kosmischen Christentums« bekam, wurde er durch Elisabeth Vreede, die Mitarbeiterin Rudolf Steiners und erste Leiterin der mathematisch-astronomischen Sektion am Goetheanum war, zu seiner astrosophischen Forschung angeregt. Diese »Linie« möchte ich ausdrücklich erwähnen, um den Kontext dieses Buches darzustellen. Dabei muss betont werden, dass es bei dieser Linie auf das Anliegen der Entstehung und Entwicklung einer neuen Sternenweisheit (»Astrosophie«) und nicht auf dogmatisch festgelegte Richtlinien ankommt. Selbstverständlich gibt es bei den verschiedenen Menschen, die in diese Richtung arbeiten und forschen, Meinungsunterschiede, verschiedene Ansätze und Arbeitsmethoden.

In dieser Gesinnung wurde dieses Buch geschrieben[1] und veröffentlicht. Wie gleich auf der ersten Seite gesagt wurde, bin ich jedem Leser dankbar, der den Inhalt des Buches kritisch überprüft im Sinne der Geisteswissenschaft Rudolf Steiners. Nun ist die erste Auflage innerhalb weniger Monate ausverkauft, und viele Leser haben ihre Begeisterung und ihr Wohlwollen dem Inhalt gegenüber zum Ausdruck gebracht. Auch fehlt es nicht an zustimmenden Rückmeldungen mit Be-

1 Kapitel II-V sind in englischer Sprache in den Jahren 1988-1992 in der Zeitschrift *Shoreline* erschienen. Restexemplare sind vom Redaktor erhältlich: Charles Lawrie, 16 Parc Victoria, Bangor, LL57 2EW, Wales/GB.

zug auf die zentrale Aussage des Buches von der Bedeutung des Datums 3.-5. September 1999 im Zusammenhang mit dem Einsetzen einer neuen Stufe des Christus-Ereignisses im Ätherischen um diese Zeit herum. Aber ich bin auch den kritischen Stimmen, die sich gemeldet haben, sehr dankbar. Sie haben mich auf ein Versäumnis aufmerksam gemacht, das ich durch diesem Nachtrag wieder gut machen möchte. Es handelt sich um die folgenden Worte Rudolf Steiners:

> »Die Samen von irdischen Materialismus«, die seit dem 16. Jahrhundert in die geistige Welt in immer größerem Maße von den durch die Pforte des Todes schreitenden Seelen hinaufgetragen wurden und immer mehr Dunkelheit bewirkten, bildeten die »schwarze Sphäre des Materialismus«. Diese schwarze Sphäre wurde von Christus im Sinne des manichäischen Prinzips in sein Wesen aufgenommen, um sie umzuwandeln. Sie bewirkte in dem Engelwesen, in dem sich die Christus-Wesenheit seit dem Mysterium von Golgatha offenbarte, den »geistigen Erstickungstod«. Dieses Opfer des Christus im 19. Jahrhundert ist vergleichbar dem Opfer auf dem physischen Plan im Mysterium von Golgatha und kann als die zweite Kreuzigung des Christus auf dem Ätherplan bezeichnet werden. Dieser geistige Erstickungstod, der die Aufhebung des Bewusstseins jenes Engelwesens herbeiführte, ist eine Wiederholung des Mysteriums von Golgatha in den Welten, die unmittelbar hinter der unsrigen liegen, damit ein Wiederaufleben des früher verborgenen Christus-Bewusstseins in den Seelen der Menschen auf Erden stattfinden kann. Dieses Wiederaufleben wird zum hellseherischen Schauen der Menschheit im 20. Jahrhundert.[2]

Es war tatsächlich ein Versäumnis, dass ich diese Stelle von Rudolf Steiner nicht berücksichtigt habe. Nun war es die Aufgabe dieses Buches, Rudolf Steiners Aussage vom 7. Oktober 1911 (GA 131), zitiert auf S.9, zu erforschen, wo er deutlich auf ein Christus-Ereignis im Ätherischen gegen Ende des 20. Jahrhunderts hinweist. Meine Vorgehensweise, Rudolf Steiners Aussage zu untersuchen, möchte ich im Folgenden kurz darstellen.

2 Rudolf Steiner, *Vorstufen zum Mysterium von Golgatha.* Vortrag vom 2.5.1913, GA 152.

Als Mathematiker und Astronom habe ich mir die Methode der »exakten Wissenschaften« angeeignet, und ebenso habe ich die Geschichte der Astronomie studiert. Deshalb verfolge ich, so weit wie möglich, die naturwissenschaftliche Methode des »Überprüfens«, um nicht an etwas einfach zu glauben, ohne es gründlich untersucht zu haben, ob es wirklich wahr ist oder nicht. In diesem Zusammenhang kann das Prinzip der Aufstellung von Hypothesen, das zentral zu den Naturwissenschaften gehört, hilfreich sein. In diesem Sinne könnte der Leser die Ideen und Forschungs-Ergebnisse, die ich in diesem Buch dargestellt habe, als Hypothesen betrachten, die überprüft werden sollten.

Jedoch gibt es einen feinen Unterschied zwischen den beiden Haltungen: (a) etwas als eine Hypothese zu betrachten, und (b) daran zu glauben. Im wahren wissenschaftlichen Sinne würde man die Grenze zwischen (a) und (b) stets beachten. Denn im Augenblick des Überschreitens dieser Grenze, wobei man dann an etwas glaubt, ohne wirklich zu wissen, ob es wahr ist, würde man in Aberglauben verfallen. Ein echter Wissenschaftler würde sich vorsehen, um so weit wie möglich sicher zu sein, dass er nicht in Aberglauben verfällt. Für ihn gelten die folgenden drei Möglichkeiten beim Überprüfen einer Hypothese:

(a) er erreicht die Gewissheit, dass die Hypothese wahr ist:
(b) er erreicht die Gewissheit, dass die Hypothese nicht wahr ist;
oder (c) es bleibt eine Hypothese, wo er keine Gewissheit in die eine oder in die andere Richtung hat.

Mit Bezug auf (c) braucht er viel Geduld, um nicht den Fehler zu begehen, einen »Glaubenssprung« zu machen, d.h. im Laufe der Zeit – oft ganz unbemerkt – doch an eine Hypothese zu glauben, ohne wirklich zu wissen, ob sie wahr ist oder nicht.

Der Grund für diese Überlegungen ist der Folgende: wie ich auf S.6 schon angedeutet habe, möchte ich nicht, dass der Leser an den Inhalt des Buches einfach glaubt. Die Methode der Aufstellung von Hypothesen bietet eine Möglichkeit an, wodurch der Leser gegenüber dem Inhalt ganz unbefangen bleiben kann. Er braucht nicht von vornherein »dafür« oder »dagegen« zu sein. Und jeder, der logisch denken kann, ist in der Lage, den Inhalt kritisch zu überprüfen, ob die hier dargestellten Ideen und Forschungsergebnisse – zunächst rein hypothetisch betrachtet –, stichhaltig sind oder nicht.

Nun schien es den oben erwähnten kritischen Stimmen nicht nur ein Versäumnis gewesen zu sein, dass ich Rudolf Steiners Ausführung über die zweite Kreuzigung des Christus auf dem Ätherplan nicht berücksichtigt habe; sie haben es direkt als einen Widerspruch empfunden, dass Rudolf Steiner von der »zweiten Kreuzigung auf dem Ätherplan« im 19. Jahrhundert spricht, während ich von einer »Wiederkehr des Mysteriums von Golgatha im Ätherischen im September 1999« (S.26) geschrieben habe. Meines Erachtens gibt es hier keinen echten Widerspruch, wie hoffentlich ersichtlich wird, wenn wir Rudolf Steiners Worte, die auf den zitierten Passus folgen, weiter lesen:

> Seit dem Mysterium von Golgatha konnten viele Menschen den Namen des Christus verkünden, und von diesem 20. Jahrhundert an wird es eine stetig wachsende Anzahl von solchen geben, die das Wissen von der Christus-Wesenheit mitteilen können, welches in der Geisteswissenschaft gegeben wird. Sie werden ihn aus ihrer eigenen Erfahrung heraus lehren, verkünden können. Zweimal schon ist der Christus gekreuzigt worden: das eine Mal physisch in der physischen Welt im Anfang unseres Zeitalters und ein zweites Mal im 19. Jahrhundert spirituell in der beschriebenen Weise. Man könnte sagen, die Menschheit erlebte die Auferstehung seines Leibes in der damaligen Zeit; sie wird die Auferstehung seines Bewusstseins vom 20. Jahrhundert an erleben…
> Das ist es, was heute gesagt werden kann über die Beziehung des Mysteriums von Golgatha, welches sich im Anfang unserer Zeitrechnung ereignete, zu dem Mysterium von Golgatha, wie es heute verstanden werden kann. Machen wir uns diese Gefühle zu eigen, indem wir erkennen, dass wir nur so wahre Geisteswissenschafter werden können. Von Zeit zu Zeit werden andere Offenbarungen kommen, für die wir unseren Sinn offenhalten müssen.[3]

Hier sagt Rudolf Steiner ganz deutlich, dass andere Offenbarungen kommen werden, und wir können davon ausgehen, dass er Offenbarungen des Christus im Ätherischen im Auge hatte. Denn ein solches Christus-Ereignis im Ätherischen hat er selber angekündigt in den

3 Ebd.

Worten, die auf S.9 dieses Buches zitiert sind: »So wird sich im Laufe des 20. Jahrhunderts, gegen Ende des 20. Jahrhunderts zu, wiederum ein bedeutsames Ereignis abspielen…«

Das zentrale Anliegen dieses Buches ist, diese Aussage Rudolf Steiners zu durchdringen. In Bezug auf diese Aussage erhebt sich natürlich die Frage: Wie ist der Autor dazu gekommen, das bedeutsame Christus-Ereignis als eine »Wiederkehr des Mysteriums von Golgatha im Ätherischen« im September 1999 zu verstehen?

Da es sich um die Wiederkehr des Christus in seinem Ätherleib handelt, muss man sich die Frage stellen: Was ist der Rhythmus von Christi Ätherleib? Diese Frage wurde auf S.13, 54 und 107 beantwortet: 33⅓ Jahre, da das Leben des Christus Jesus genau 33⅓ Jahre dauerte von der Geburt kurz vor Mitternacht am 6. Dezember 2 v. Chr. [–1] bis zur Auferstehung beim Sonnenaufgang am 5. April 33 n. Chr. Nun kann man die Frage stellen: Woher kann man mit solcher Gewissheit wissen, dass das Geburtsdatum stimmt?

Das Geburtsdatum konnte ich anhand der Angaben der Anna Katharina Emmerich festellen, wie ich in meinem Buch *Chronik des lebendigen Christus* dargelegt habe. Sie hat die Wochentage und Daten verschiedener Ereignisse des Christus-Lebens im hebräischen Kalender mitgeteilt. Rein mathematisch – durch die Wahrscheinlichkeits-Theorie – habe ich und zwei andere Mathematiker die mitgeteilten Daten untersucht und herausgefunden, dass die Wahrscheinlichkeit des zufälligen Zusammentreffens von diesen Daten im hebräischen Kalender mit den richtigen Wochentagen 1:435 Milliarden wäre[4]. Man braucht kein Mathematiker zu sein, um zu sehen, dass es unmöglich für Anna Katharina Emmerich gewesen wäre, sich die Daten einfach auszudenken. Mit anderen Worten: ihre Daten sind authentisch. Wenn sie also sagt, dass Jesus am 12. Kislew um Mitternacht am Abend nach dem Sabbat geboren wurde, dann stimmt dieses Datum mit hoher Wahrscheinlichkeit, d.h. Jesus wurde um Mitternacht am Samstag/Sonntag, den 12. Kislew geboren. Dieses Datum im hebräischen Kalender entspricht Samstag/Sonntag, dem 6./7. Dezember 2 v. Chr. [–1]. Und der Zeitraum bis zur Auferstehung am 5. April 33 n. Chr. ist genau 33⅓ Jahre (minus 1½ Tage).

4 Robert Powell, *Chronik des lebendigen Christus*, S.515.

Nun gibt es eine Bestätigung bezüglich dieses Zeitraums durch eine Mitteilung Rudolf Steiners:

> Denn alle Dinge im geschichtlichen Werden erstehen nach 33 Jahren in verwandelter Gestalt aus dem Grabe, durch eine Gewalt, die zusammenhängt mit dem Heiligsten und Erlösendsten, das die Menschheit durch das Mysterium von Golgatha bekommen hat...[5]
> Und dann, wenn gewissermaßen ein solcher Keim, der gelegt worden ist, ausgereift ist, dann wirkt er weiter. Eine Menschengeneration von 33 Jahren reift einen Gedankenkeim, einen Tatenkeim aus. Ist er dann ausgereift, so wirkt er durch 66 Jahre weiter noch im geschichtlichen Werden. Man erkennt die Intensität eines Impulses, den der Mensch ins geschichtliche Werden hineinlegt, auch in seiner Wirksamkeit durch drei Generationen hindurch, ein ganzes Jahrhundert hindurch.[6]

Ein ganzes Jahrhundert ist 100 Jahre = 3 x 33⅓ Jahre. Hier bestätigt Rudolf Steiner den Rhythmus von 33⅓ Jahren (im Vortrag sagt er einfach »33 Jahre«) und auch die Tatsache, dass dieser Rhythmus »im geschichtlichen Werden« weiter wirkt.

Der Leser kann vielleicht nachempfinden, wie ergreifend es war, zu entdecken, dass die Aussage der hellseherisch-begabten Anna Katharina Emmerich bezüglich des Geburtsdatums Jesu auf diese Weise (indirekt also) von Rudolf Steiner bestätigt wurde! Dadurch gelangte ich zur Gewissheit mit Bezug auf die Wahrheit dieser Zusammenhänge, auch dass man den Rhythmus von 33⅓ Jahren geschichtlich verfolgen kann, um so mehr, als Rudolf Steiner in diesem Zusammenhang von einer »neuen Astrologie« spricht: »Dies ist die Anleitung, meine lieben Freunde, um die neue Astrologie zu lesen, jene Astrologie, welche auf die Sterne, die in der geschichtlichen Menschheitsentwickelung selber glänzen, das Augenmerk hinlenkt.«[7]

Mit besonderer Freude konnte ich konstatieren, wie die Entdeckung

5 Rudolf Steiner, *Mysterienwahrheiten und Weihnachtsimpulse.* Vortrag vom 23.12.1917, GA 180.

6 Ebd., Vortrag vom 26.12.1917.

7 Ebd., Vortrag vom 23.12.1917.

des 33⅓ jährigen Rhythmus als Grundlage für eine neue Sternenweisheit plötzlich als die Krönung der bisherigen astrosophischen Forschung auftauchte. Der nächste Schritt war es dann, diesen Rhythmus durch die Geschichte zu verfolgen, wie im ersten Kapitel beschrieben wurde (siehe die Zeichnung auf S.15). Dadurch ergibt sich das Datum 3.–5. September 1999 als die 60. Wiederkehr des entsprechenden Datums 3.–5. April 33 des Mysteriums von Golgatha. Denn 60 x 33⅓ = 2000, ausgehend vom 6. Dezember 2 v. Chr. [–1] entspricht dem 6. Dezember 1999. Da aber der exakte Rhythmus etwa 1½ Tage weniger als 33⅓ Jahre ist, müssen 60 x 1½ = 90 Tage (die genaue Anzahl von Tagen = 92 Tage) vom 6./7. Dezember 1999 subtrahiert werden, woraus es sich ergibt, dass die Vollendung des 60. Zyklus am 5./6. September 1999 war.

Nun wird der kritische Leser sagen: dieses Datum wurde rein rechnerisch ermittelt! Das stimmt natürlich, und dennoch geschah diese Forschung, die zu diesem Ergebnis kam, nach Maßgaben von Rudolf Steiners Ausführungen über den 33⅓-jährigen Rhythmus. Es ist nicht möglich, die geistig-meditative Seite dieser Forschung hier zu schildern. Dies würde zu weit führen. Höchstens kann angedeutet werden, dass sie ein Prozess war, der sich über viele Jahre hin erstreckte und die mathematisch-astronomische Seite der Forschung begleitete. Da nun ausführlich über die mathematisch-astronomische Seite gesprochen wurde, die durch logisches Denken erfassbar und deshalb leicht zu vermitteln ist, kehren wir zum Ausgangspunkt dieses Nachtrags zurück: Besteht ein Widerspruch zwischen dem Ergebnis der in diesem Buch dargestellten astrosophischen Forschung und Rudolf Steiners Mitteilung über »die zweite Kreuzigung des Christus auf dem Ätherplan« im 19. Jahrhundert?

Zunächst betrachten wir das Datum 3.–5. September 1999. Wie aus der Tabelle auf S.115 hervorgeht, ist dieses Datum eine »kosmische Erinnerung« an das Mysterium von Golgatha vom 3.–5. April 33. Wie ist diese kosmische Erinnerung zu verstehen?

Wie alle Ereignissse im Leben des Christus Jesus wurde das Mysterium von Golgatha in den Ätherleib des Christus eingeschrieben, und zwar als die Krönung dieses Lebens. Dieser Ätherleib ist ein »Zeitleib«, dessen Rhythmus 33⅓ Jahre ist. Jedesmal bei der Vollendung des Rhythmus leuchtet das Mysterium von Golgatha als kosmische Erinnerung im Ätherleib des Christus auf. Zum Beispiel bei der Vollendung des 57. Zyklus im Jahre 1899. Um diese Zeit herum hat Rudolf Steiner das Mysterium von Golgatha innerlich erlebt:

> Ich konnte in dieser Prüfungszeit nur weiterkommen, wenn ich mit meiner Geist-Anschauung die Entwicklung des Christentums mir vor die Seele rückte ... Um die Wende des Jahrhunderts wurde der Keim immer mehr entfaltet. Vor dieser Jahrhundertwende stand die geschilderte Prüfung der Seele. Auf das geistige Gestanden-Haben vor dem Mysterium von Golgatha in innerster ernstester Erkenntnis-Feier kam es bei meiner Seelen-Entwicklung an.[8]

Wie auf S.17 beschrieben, wurde Rudolf Steiner durch seine Christus-Erfahrung zum »Apostel des ätherischen Christus«. Damit wurde das Neue Zeitalter, das im Jahre 1899 anfing, eingeleitet. Auf der einen Seite könnte man Rudolf Steiner vorwerfen, dass er den Beginn des Neuen Zeitalters »rein rechnerisch« ermittelt hätte (siehe S.15 für die Berechnung der Daten des vorhergehenden 5000-jährigen Zeitalters), andererseits hat er ein echtes geistiges Erlebnis des Mysteriums von Golgatha gehabt. Man könnte also die Hypothese aufstellen, dass Rudolf Steiners Erlebnis des Mysteriums von Golgatha eine »kosmische Erinnerung« an das Mysterium von Golgatha gewesen wäre, die ihm durch eine Verbindung zum Ätherleib Christi gegeben wurde, in dem damals (1899) bei der Vollendung des 57. Zyklus das Mysterium von Golgatha aufleuchtete. In diesem Fall könnte man die Frage stellen: Würde dieses geistige Erlebnis der kosmischen Erinnerung des Mysteriums von Golgatha im Widerspruch zu seiner Schilderung über »die zweite Kreuzigung des Christus auf dem Ätherplan« im 19. Jahrhundert stehen?

Rudolf Steiner hat über die zweite Kreuzigung am 2. Mai 1913 in London gesprochen. Schon drei Monate vorher bei einer Instruktionsstunde der Esoterischen Schule vom 8. Februar 1913 in Berlin hat er Mitteilungen darüber gemacht:

> Das Neue, was jetzt allmählich den Menschen (mitgeteilt) geoffenbart werden wird, ist eine Erinnerung oder Wiederholung desjenigen, was Paulus bei Damaskus erlebt hat. Er schaute die Ätherge-

8 Rudolf Steiner, *Mein Lebensgang*, Kapitel XXVI, GA 28.

stalt des Christus. Dass diese aber jetzt für uns sichtbar werden soll, rührt von der Tatsache her, dass in der Ätherwelt gleichsam ein neues Mysterium von Golgatha sich abgespielt hat. Das, was hier in der physischen Welt bei der Kreuzigung stattgefunden hat infolge des Hasses der nicht verstehenden Menschen, das hat sich jetzt auf dem Ätherplan wiederholt durch den Hass der Menschen, die als Materialisten nach dem Tode in die Ätherwelt eingetreten sind.
Man halte sich noch einmal vor die Seele, wie bei dem Mysterium von Golgatha ein Kreuz aufgerichtet wurde aus totem Holz, an dem der Leib des Christus hing. Und dann schauen wir jenes Kreuzesholz in der Ätherwelt als sprießendes, sprossendes Holz, grünes, lebendiges Holz, das durch die Flammen des Hasses verkohlt ist und an dem nur noch die sieben blühenden Rosen erscheinen, die siebenfache Natur des Christus darstellend, dann haben wir da das Bild von dem zweiten Mysterium von Golgatha, das sich jetzt in der Ätherwelt abgespielt hat. Und durch dieses Absterben, dieses zweite Sterben des Christus, ist es möglich geworden, dass wir jenen Ätherleib schauen werden. Die Verdichtung, den toten Teil des Ätherleibes des Christus Jesus werden die Menschen schauen …
Das Rosenkreuz ist das Symbol für den zweiten Tod des Christus im 19. Jahrhundert, für den Tod des Ätherleibes durch das Heer der Materialisten. Die Folge davon ist, dass der Christus im 20. Jahrhundert so gesehen werden kann, wie ich es Euch oft geschildert habe, nämlich im Ätherleibe.[9]

Hier teilt uns Rudolf Steiner mit, dass das Rosenkreuz das reale Zeichen des Mysteriums von Golgatha auf dem Ätherplan ist, ebenso wie das Kreuz (ohne Rosen) das reale Symbol des Mysteriums von Golgatha vor zweitausend Jahren war. Ist es nicht so, dass Rudolf Steiners Geisteswissenschaft unter dem Zeichen des Rosenkreuzes stand? Und ist dies nicht eine Bestätigung der Feststellung, dass Rudolf Steiner 1899 zum Apostel des ätherischen Christus wurde?

9 Rudolf Steiner, *Zur Geschichte und aus den Inhalten der erkenntniskultischen Abteilung der Esoterischen Schule, 1904-1914.* Instruktionsstunde vom 8. Februar 1913, GA 265.

In diesem Buch (S.20-29) habe ich die stufenweise Inkarnation des Christus in seinem Ätherleib beschrieben (»Wieder-Ver*leib*lichung des Christus in seinem Äther*leib*« wäre ein besserer Ausdruck als »Inkarnation« – siehe S.111). 1899 – 1933 – 1966 – 1999 sind die Hauptstationen, die jeweiligen Kulminationspunkte, dieser stufenweisen Inkarnation. Könnte es nicht sein, wie wir bei Rudolf Steiner im Zusammenhang mit dem Jahr 1899 zunächst rein hypothetisch betrachtet haben, dass eine »kosmische Erinnerung« des Mysteriums von Golgatha zu diesen Zeitpunkten aufgeleuchtet ist im Sinne der von Rudolf Steiner angekündigten fortschreitenden Offenbarung des Christus im Ätherischen? Wenn dies stimmen würde im Sinne meiner Ausführung auf S.20-29, würde dies bedeuten:

1899: die »Einweihung« Rudolf Steiners durch die »kosmische Erinnerung« des Mysteriums von Golgatha beim Eintritt des ätherischen Christus in die Erden-Ätheraura von der Mondensphäre kommend, wodurch Rudolf Steiner zum Apostel des ätherischen Christus wurde (vergleichbar dem Apostel Paulus, der zum Apostel durch sein Erlebnis der Äthergestalt des Christus wurde).

1933: die Vollendung des 1. Zyklus der Wirksamkeit Christi in der Erden-Ätheraura – eine Zeit der Wirksamkeit des Christus vor allem. auf der Ebene des Denkens (Geburt der Anthroposophie oder Geisteswissenschaft durch Rudolf Steiner aus dieser Wirksamkeit heraus; hier ist es interessant zu bemerken, dass Rudolf Steiner – hätte er weiter gelebt – 72 Jahre alt gewesen wäre im Jahre 1933, entsprechend dem kosmischen Urbild von 72 Jahren für das Menschenleben gemäß der Bewegung des Frühlingspunktes durch einen Grad des Tierkreises in 72 Jahren).

1966: die Vollendung des 2. Zyklus der Wirksamkeit Christi in der Erden-Ätheraura – eine Zeit der Wirksamkeit des Christus vor allem. auf der Ebene des Fühlens (Geburt des weltweiten Impulses zur Gemeinschaft aus dieser Wirksamkeit heraus).

1999: Die Vollendung des 3. Zyklus der Wirksamkeit Christi in der Erden-Ätheraura – eine Zeit der Wirksamkeit des Christus vor allem auf der Ebene des Wollens (Geburt des weltweiten Impulses zum Naturschutz und zum Durchdringen der Schicksalsmysterien der Biographie).

Mit Bezug auf das Letztere gibt es zwei Seiten des Willens:

Auf der Ebene des Willens spielt sich unser Schicksal ab:

> Da werden wir, wenn wir so etwas betrachten, eben hingewiesen auf das ungeheuer Verschlungene, Bedeutsame in unserem Schicksalswirken, in unserem Karmawirken. Und das alles spielt sich im Reiche des Menschlichen ab. Nun bitte ich Sie zu bedenken: es ist ja tatsächlich das, was sich da mit uns abspielt, im Unbewussten lebend. Bis zu dem Momente, wo eben ein entscheidendes Ereignis an uns herantritt, liegt es im Unbewussten … Indem der Mensch darauf aufmerksam wird, lernt er auch in der richtigen Weise die Freiheitsfrage stellen. Lesen Sie nach in meiner »Philosophie der Freiheit«, was für einen großen Wert ich darauf gelegt habe, dass nicht gefragt werde nach der Freiheit des Willens. Der sitzt unten, tief unten im Unbewussten, und es ist ein Unsinn, nach der Freiheit des Willens zu fragen; sondern man kann nur von der Freiheit der Gedanken sprechen. Ich habe das in meiner »Philosophie der Freiheit« wohl auseinandergehalten. Die freien Gedanken müssen dann den Willen impulsieren, dann ist der Mensch frei.[10]

Tief unten im Unbewussten sitzt der Wille, und da spielt sich unser Schicksal ab. Dies ist die eine Seite des Willens. Und nun, bevor wir die andere Seite des Willens betrachten, schauen wir nochmal auf die Worte Rudolf Steiners, die zentrale Aussage auf S.9, um die es sich mit Bezug auf ein bedeutsames Christus-Ereignis im Ätherischen »gegen das Ende des 20. Jahrhunderts zu« handelt. Wie ich schon auf S.28 geschrieben habe, bezieht sich diese Seite des Christus-Ereignisses auf die Tatsache, dass der Christus »Herr des Karma« wird, wie Rudolf Steiner dies vorausgesagt hat:

> Gerade wie wir sagen müssen: für den Christus selber hatte das Ereignis von Golgatha die Bedeutung, dass eben mit diesem Ereignisse ein Gott gestorben ist, ein Gott den Tod überwunden hat …, so wird sich ein Ereignis abspielen von tiefgehender Be-

10 Rudolf Steiner, *Esoterische Betrachtungen karmischer Zusammenhänge, Bd. I.* Vortrag vom 17.2.1924, GA 235.

deutung, das nur nicht auf dem physischen Plane sich vollzieht, sondern in der ätherischen Welt. Und dadurch, dass dieses Ereignis sich vollzieht, dass mit dem Christus selber sich ein Ereignis vollzieht, dadurch wird die Möglichkeit geschaffen, dass eben die Menschen den Christus sehen lernen, schauen lernen. Welches ist dieses Ereignis?

Dieses Ereignis ist kein anderes, als dass ein gewisses Amt im Weltenall für die menschheitliche Entwickelung in dem 20. Jahrhundert übergeht – in einer erhöhteren Weise übergeht, als das bis jetzt der Fall war – an den Christus. Und zwar lehrt uns die okkulte, die hellseherische Forschung, dass in unserem Zeitalter das Wichtige eintritt, dass der Christus der Herr des Karma für die Menschheitseintwickelung wird. Und dies ist der Beginn für dasjenige, was wir auch in den Evangelien finden, mit den Worten angedeutet: Er werde wiederkommen »zu scheiden« oder – die Krisis herbeizuführen für die Lebendigen und die Toten! Nur ist im Sinne der okkulten Forschung dieses Ereignis nicht so zu verstehen, als ob es ein einmaliges Ereignis wäre, das auf dem physischen Plan sich abspielt, sondern es hängt mit der ganzen zukünftigen Entwickelung der Menschheit zusammen. Und während das Christentum und die christliche Entwickelung bisher eine Art von Vorbereitung bedeutet, tritt jetzt das Bedeutsame ein, dass der Christus der Herr des Karma wird, dass ihm es obliegen wird in der Zukunft zu bestimmen, welches unser karmisches Konto ist, wie unser Soll und Haben im Leben sich zueinander verhalten.[11]

Im Sinne der vorhergehenden Beschreibung der stufenweisen Inkarnation des Christus in seinem Ätherleib – nehmen wir dies zunächst rein hypothetisch an – wäre 1999 die Kulmination des 3. Zyklus, nun auf der *Willens*ebene; und es wäre denkbar, dass Christus zu diesem Zeitpunkt das Richteramt als Herr des Karma übernimmt; oder, besser gesagt, 1999 wäre der Beginn dieses Christus-Ereignisses im Ätherischen, das »mit der ganzen zukünftigen Entwicklung der Menschheit« zusammenhängt.

11 Rudolf Steiner, *Von Jesus zu Christus*. Vortrag vom 7.10.1911, GA 131.

Und wie steht es mit der anderen Seite dieses Christus-Ereignisses?

Die andere Seite hängt mit der anderen Seite des Willens zusammen. Es ist eine Tatsache, dass der Mensch durch seinen Willen in einer direkten Beziehung mit der Natur steht. Wir atmen die Luft ein, wir trinken das Wasser, wir nehmen das Essen von der Welt der Natur auf, und es wird im Stoffwechselsystem, das mit dem Willen verbunden ist, umgewandelt. Während die Innenseite des Willens im gewissen Sinne Träger unseres Schicksals ist, steht die Außenseite in direkter Verbindung mit der Natur. Deshalb bezieht sich die andere Seite des Christus-Ereignisses am Ende des 20. Jahrhunderts auf die Natur. In den Worten Rudolf Steiners:

> ... im Verständnis von dem Mysterium von Golgatha. Nur das kann uns befähigen, die ganze Natur moralisch zu empfinden. Wenn man dann aufschaut zu den Wolken und den Blitz daraus hervorschießen sieht, dann wird man darin den Christus sehen können in seiner Äthergestalt. Mit den »Wolken«, das heißt mit den Elementen, kommt er in seiner Geistgestalt. Dieses Gesicht wird einmal für jeden Menschen auftreten, sei es früher oder später. Nur der Vater weiß Tag und Stunde – wie das Evangelium sagt.[12]

Hier zitiert Rudolf Steiner das Evangelium-Wort: »Jenen Tag aber und jene Stunde kennt niemand, auch nicht die Engel des Himmels, auch nicht der Sohn, sondern nur der Vater« (Mt. 24, 36). Bezogen auf den individuellen Menschen: »Tag und Stunde für jeden weiß nur der Vater allein, aber sie wird für jeden kommen.«[13] Bezogen auf die Erde und die ganze Menschheit stimmte dieses Evangelium-Wort natürlich auch damals, als Christus es gesprochen hat. Nun aber, da Rudolf Steiner zum Apostel des ätherischen Christus wurde, wurde zum ersten Mal in der Menschheitsgeschichte der Schleier um dieses »größte Geheimnis« etwas gelüftet, indem Rudolf Steiner deutliche Hinweise – zum Beispiel auf das Jahr 1933 im Zusammenhang mit der Wiederkuft des Christus

12 Rudolf Steiner, *Zur Geschichte und aus den Inhalten der erkenntniskultischen Abteilung der Esoterischen Schule, 1904-1914*. Instruktionsstunde vom 24.9.1912, GA 265.

13 Ebd., S.361, Anmerkung 2.

im Ätherischen[14] – gegeben hat. Und auf das Jahr 1899 hat er öfters hingewiesen als das Jahr des Beginns des Neuen Zeitalters, das wir im Zusammenhang mit dem Beginn der neuen Wirksamkeit des Christus im Ätherischen sehen können.[15]

Aber gibt es eine Beziehung zwischen den Daten 1899 und 1933? 1933 wäre demnach 33⅓ Jahre später am Schluss der ersten Periode von Christi Wirksamkeit in seinem Ätherleib in der Ätheraura der Erde. In diesem Buch haben wir den Rhythmus konsequent weiter verfolgt: 1966 und dann 1999. Wir haben die anderen Rhythmen, die mit Christi Wirksamkeit zusammenhängen, auch in Betracht gezogen, vor allem den Rhythmus von Christi Astralleib von 29½ Jahren (dem Rhythmus des Saturn entsprechend) und den Rhythmus von Christi Ich von 12 Jahren (dem Rhythmus des Jupiter entsprechend). Zur Zeit nähern sich Jupiter und Saturn im Sternbild des Widders (siehe S.131-132), und die bevorstehende »große Konjunktion« (kurz vor Pfingsten 2000) erscheint in einem neuen Licht, wenn wir die Beziehung dieser Planeten (von ihren Rhythmen her betrachtet) mit Christi Ich und Astralleib im Zusammenhang sehen. Allerdings würde es hier in diesem Nachtrag zu weit führen, wenn wir jetzt dem 12jährigen Rhythmus des Christus-Ich und dem 29½-jährigen Rhythmus seines Astralleibes so viel Aufmerksamkeit widmen würden, wie wir es eben beim 33⅓-jährigen Rhythmus seines Ätherleibes getan haben.

Hier kam es darauf an, die Nicht-Erwähnung von Rudolf Steiners Worten über »die zweite Kreuzigung des Christus auf dem Ätherplan« im 19. Jahrhundert zu korrigieren. Zum Schluss dieses Nachtrags möchte ich auf die zweite Kreuzigung im Lichte von Christi Abstieg durch die Hierarchien bzw. Planetensphären aufmerksam machen (siehe die Zeichnung auf S.15). Es geht daraus hervor, dass sich der Christus in seinem Ätherleib im 19. Jahrhundert in der Mondensphäre befand. In diesem Sinne könnte man Rudolf Steiners Worte über die zweite Kreuzigung, die am Anfang dieses Nachtrags zitiert sind, so verstehen, dass sich die »schwarze Sphäre des Materialismus« hauptsächlich in der Mondensphäre gebildet hat, dadurch dass »die Samen des irdischen Materialismus ... seit dem 16. Jahrhundert in die geistige Welt in immer größerem Maße von den

14 Siehe Anmerkung 56 in diesem Buch.

15 Siehe Anmerkung 55 in diesem Buch.

durch die Pforte des Todes schreitenden Seelen hinaufgetragen wurden und immer mehr Dunkelheit bewirkten ...« Denn die Mondensphäre ist die erste Planetensphäre, die die Seele beim Durchgang durch die Pforte des Todes betritt, und in dieser Sphäre werden die negativen Impulse zurückgelassen. Also können wir verstehen, wie Christus in seinem Ätherleib durch die Mondensphäre hindurchschritt und er dabei der »schwarzen Sphäre des Materialismus« begegnete, die er im Sinne des manichäischen Prinzips in sein Wesen aufgenommen hat. Dies wird deutlich, wenn man die Frage stellt: Warum geschah die zweite Kreuzigung erst im 19. Jahrhundert, da *seit dem 16. Jahrhundert* »die schwarze Sphäre des Materialismus« durch »die Samen des irdischen Materialismus« gebildet wurde? Warum geschah die zweite Kreuzigung nicht im 16., 17. oder 18. Jahrhundert? Deshalb nicht, weil sich »die schwarze Sphäre des Materialismus« hauptsächlich in der *Mondensphäre* gebildet hat, und der Christus in seinem Ätherleib diese Sphäre erst im 19. Jahrhundert betrat. Ein tieferes Verständnis der zweiten Kreuzigung wird durch die Wahrnehmung des Christusweges durch die Hierarchien bzw. Planetensphären, wie er im Lichte der astrosophischen Forschung zum kosmischen Christentum (siehe die Zeichnung auf S.15) dargestellt wird, ermöglicht.

Durch das Verständnis für diesen Zusammenhang mit der Mondensphäre, in welcher sich im 19. Jahrhundert Christus in seinem Ätherleib befand, wird unsere Einsicht in die zweite Kreuzigung des Christus auf dem Ätherplan erweitert. Deshalb bin ich jenen kritischen Lesern sehr dankbar, dass sie mich auf das Versäumnis aufmerksam gemacht haben. Natürlich konnte ich jetzt nicht auf alle Punkte der mir entgegengebrachten Kritik eingehen. Hier kam es darauf an, zu zeigen, dass der Widerspruch zu Rudolf Steiners Worten tatsächlich nur ein scheinbarer ist. Denn im tieferen Sinne ist die Bemühung dieses Buches um eine Durchdringung von Rudolf Steiners Worten als eine Vertiefung in »das größte Geheimnis unseres Zeitalters«, in das Ereignis der Wiederkunft des Christus im Ätherischen, zu verstehen. Somit ist es meine Hoffnung, dass der Leser die tiefere Gesinnung und das Herzensanliegen dieses Buches spüren wird.